# Guía Completa Para Marcas En Pinterest

Descubra Cómo Usar Esta Novedosa Red
Social Para Promocionar Su Negocio Y
Conseguir Clientes Nuevos

GABRIELA TAYLOR

# Anuncio Legal

El editor y autor se ha esforzado por ser lo más íntegro y certero posible en la creación de este libro. El contenido en estas páginas fue preciso y actualizado al momento de su publicación, no obstante, el editor acepta que debido a la naturaleza de los constantes cambios de la Internet cierta información podría no estar al día al momento de ser leída.

A pesar de que se realizaron todos los esfuerzos por verificar la información suministrada en esta publicación, el Editor no asume responsabilidad alguna por errores, omisiones, o interpretación contraria al tema aquí expuesto. Cualquier desprecio a persona especifica u organización no ha sido intencionada.

# Todos Los Derechos Reservados

## Dedicación

Este libro está dedicado a mi esposo por siempre creer en mí. Sin su apoyo y amor incondicional la realización de este libro no hubiera sido posible, y mi vida y trabajo carecerían de foco y dirección.

Te amo.

# TABLA DE CONTENIDO

# SOBRE ESTE LIBRO

Este libro representa los más de ocho meses de investigación y estudio mientras utilizaba Pinterest para mis clientes y mi propia presencia cibernética. No creo que ningún otro libro disponible en este momento sobre Pinterest le provea una guía tan completa sobre el sitio web o una presentación más certera acerca de los beneficios disponibles tanto para los individuos como para los negocios que utilicen este medio tan rápidamente propagado.

¿Cómo comenzó todo esto para mí? Como profesional de marketing en Internet me aseguro de estar siempre al día con las nuevas tendencias y los medios de comunicación. Diariamente recibo cientos de correos electrónicos, *tweets*, publicaciones y direcciones de blogs, y cada uno de ellos posee su propio valor, ya sea que traten sobre las más recientes herramientas para perfeccionar la web, conferencias sobre las redes sociales, temas de tecnología, lanzamientos para el año que se avecina o nuevos sitios web de medios sociales.

Usualmente estas tendencias se esfuman y no vuelvo a escuchar nada más acerca de ellas, sin embargo hay un nombre muy peculiar que se ha venido colando en mi mundo consistentemente durante los pasados 12 meses y tiene una voz que comienza a sonar cada vez más fuerte y a crecer cada vez más, como una bola de nieve rodando por la colina... PINTEREST.

Luego de escuchar tanto acerca de Pinterest y de hacerse evidente para mí que esta nueva tendencia era más que una simple moda pasajera decidí darle un vistazo. La primera impresión no fue muy positiva. Como la persona sumamente ordenada que soy mi opinión al ver a Pinterest por primera vez era que el sitio era un desastre, con un sinfín de imágenes sin relevancia por toda la página. No pude descifrar de qué se trataba el sitio o cuál era supuestamente su objetivo. Sin embargo, me dispuse a darle una oportunidad, pedí una *invitación* y el resto es historia.

Durante los pasados ocho meses he aprendido todo lo que he podido acerca de Pinterest, lo uso tanto como normalmente uso a Facebook o Twitter y me he visto ligeramente adicta a los encantos de Pinterest.

Pinterest, una vez se haya familiarizado con sus peculiares características, es un sueño para los vendedores en Internet y en este libro explicaré el porqué. Este libro es un botiquín básico de herramientas para ayudarle a descubrir este nuevo fenómeno de medios de comunicación social y ayudarle a alcanzar sus metas, cualesquiera que sean: generar interés sobre una marca, incrementar el tráfico de su sitio, conseguir clientes o ventas de programas de afiliación o simplemente disfrutar la simplicidad y belleza de Pinterest.

# 1
## QUÉ ES PINTEREST?

Pinterest, el último fenómeno de las redes sociales, ha llegado a escena y tiene como objetivo conectar a todos alrededor del mundo mediante "las cosas que aman".

*Figura 1: Página principal de Pinterest*

Ha sido llamado un sitio para compartir fotos, un tablero de anuncios para compartir, un sitio web de *bookmarking*, un escape creativo, una revista personalizada y muchas otras cosas más. Sea lo que sea, para Mayo de 2012 contaba con más de 38 millones de usuarios alrededor del mundo con el uso más frecuente proveniente de Reino Unido y Estados Unidos. Lo que es aún más interesante es que la mayor cantidad de usuarios en America son mujeres entre las edades de 25 a 44 años mientras que fuera de los Estados Unidos hay más usuarios hombres que mujeres: Reino Unido 62%, España 72%, Japón 52% (fuente: AdPlanner). En los Estados Unidos los temas de moda y artesanía dominan los tableros, mientras que en el Reino Unido Pinterest es usado mayormente para negocios y especialmente para presentaciones.

*Figura 2: Fuente Mashable*

El sitio web de Pinterest es adictivo. Sobre el 20% (2,000,000 miembros) de los usuarios que se conectan por medio de Facebook están en Pinterest diariamente. No se equivoque, usted pasará horas haciendo búsquedas en la Internet, en los tableros de otras personas, y pinchando blogs, recetas y artículos en sus propios tableros. Usted probablemente también creará más tópicos en cuanto avanza el tiempo. No es inusual que la gente pase horas *pinchando* cosas.

Algunas estadísticas de Internet revelan que los usuarios de Pinterest pasan más tiempo en este sitio web que en Twitter, Linkedin and Google+ combinados y cinco veces menos que en Facebook.

Puede que mucha gente lo siga a usted por sus otras redes sociales, pero también puede hacer grandes amistades con intereses similares a los suyos en Pinterest. Si es amante de la cocina, por ejemplo, podrá encontrar un centenar (como mínimo) de gente con quienes podrá compartir recetas. Si le apasionan los deportes o los automóviles, ocurrirá lo mismo, estará compartiendo y *pinchando* en poco tiempo.

Pinterest es divertido, pero también puede ser lucrativo y está supuesto a convertirse en una plataforma vital del marketing para un amplio sector de los negocios. Escritores, vendedores en Internet, diseñadores, planificadores de eventos y muchos otros han descubierto que Pinterest puede atraerle gente a su trabajo o producto con un esfuerzo muy mínimo. Aun para aquellos que no les interesa lucrarse, esta aventura puede ser entretenida y educativa, y merecedora de una visita suya.

# 2
## LA HISTORIA DE PINTEREST

Existen diversas fuentes indicando diversas fechas para el comienzo de Pinterest. Wikipedia dice que todo comenzó en diciembre de 2009 en Palo Alto, California, cuando tres amigos se reunieron para trabajar en un divertido proyecto: Ben Silbermann (estudió arquitectura y trabajó como especialista de productos en Google), Evan Sharp (trabajó como diseñador de productos de Facebook y fundador de HeaderFooter Disign) y Pablo Sciara (se graduó de Yale en el 2003 y fundador de Cold Brew Labs el cual se creó en el 2008 y ahora es el nombre corporativo de Pinterest).

Figura 3: Desde la izquierda, fundadores Paul Sciarra, Ben Silbermann, y Evan Sharp. Fuente: Mathew Scott para Bloomberg, Businessweek

Luego que Pinterest fuera lanzado como versión beta en marzo de 2010, se puso de moda en más verticales de lo que los fundadores originalmente imaginaron. La gente empezó a usarlo para planificar cumpleaños, bodas o vacaciones, hacer proyectos artesanales o listar vestimenta que desearían usar o que aspiraban a comprar.

Desde su lanzamiento, el sitio opera estrictamente por medio de *invitación* y este sigue siendo técnicamente el caso, aunque esto no impidió que la empresa creciera de 40.000 visitantes únicos en octubre de 2010 a 3.2 millones en octubre de 2011 y luego a una notable cifra de 38 millones de usuarios en mayo de 2012. Por favor, vea las gráficas en la siguiente página que muestran la cantidad de visitantes únicos diarios en los distintos países, proporcionado por Google Ad Planner. Lo que esto muestra es el crecimiento rápido y notable de Pinterest en todo el mundo. Como se mencionó anteriormente en el libro hay también una adopción inusual y un uso enigmático entre las demográficas de los distintos países. En el Reino Unido Pinterest tiende a ser adoptado como una herramienta de negocio y marketing sin rival, mientras que los EE.UU. tiende a tener una adopción más "doméstica".

## EE.UU.

**Daily Unique Visitors (cookies)**

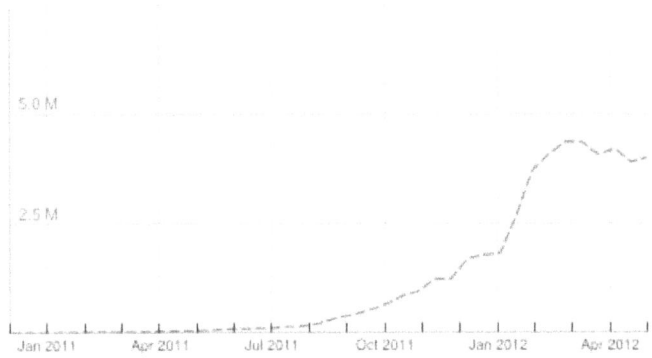

## Reino Unido

**Daily Unique Visitors (cookies)**

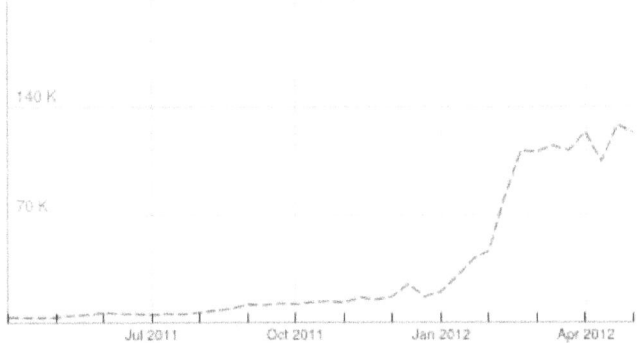

# Alemania

**Daily Unique Visitors (cookies)**

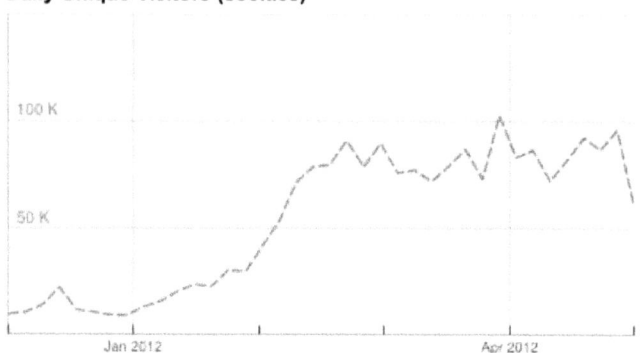

# Francia

**Daily Unique Visitors (cookies)**

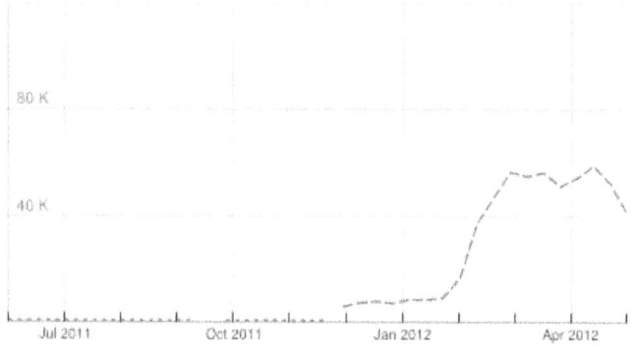

## España

**Daily Unique Visitors (cookies)**

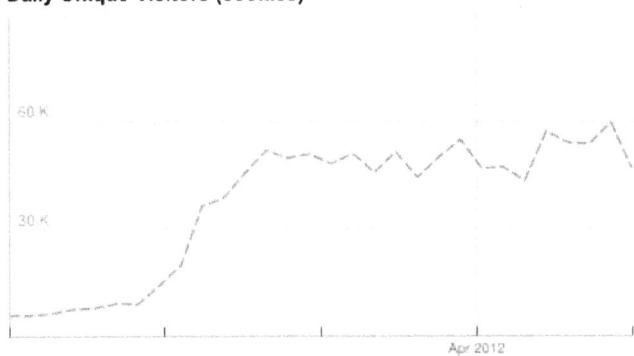

## Italia

**Daily Unique Visitors (cookies)**

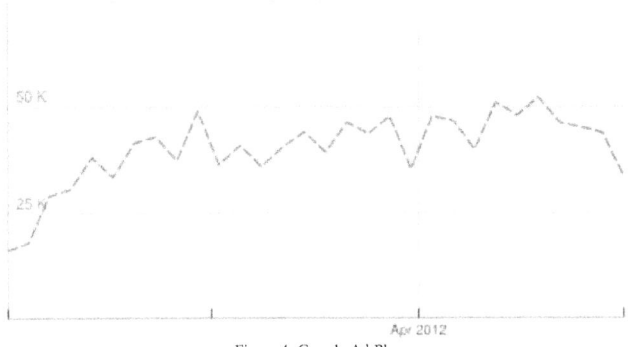

Figura 4: Google Ad Planner

En España, la audiencia de Pinterest ha llegado a 420 mil usuarios. El crecimiento de Pinterest en toda Europa ya de por sí es un fenómeno, y esto, a mi entender, es sólo el principio en términos de adopción, uso y crecimiento.

En Asia Pacífico, Pinterest es muy popular entre los países de habla inglesa, como Nueva Zelanda, Australia y Singapur. Estas cifras son todavía muy bajas en comparación con las que obtenemos de los líderes en este mercado. Los EE.UU. solamente trae más del 80% del tráfico y el Reino Unido en la segunda posición aporta el 15%.

En diciembre de 2010, pocos meses después de su lanzamiento, Pinterest ya estaba en la lista de los 10 principales sitios de redes sociales, ocupando la posición número 7, por encima de Google+ y Tumblr y detrás de Twitter, Facebook, LinkedIn, MySpace y myYearbook (fuente: Hitwise) y fue catalogada la mejor nueva puesta en marcha de 2011 (fuente de TechCrunch).

Tendencias de la búsqueda muestran que Pinterest superó a Google+ en octubre de 2011.

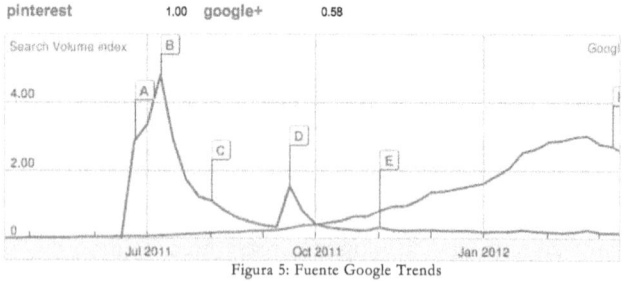

Figura 5: Fuente Google Trends

Estadísticas recientes también revelan que mientras Pinterest es una plataforma más simpatizante para las mujeres debido a su apariencia visual, Google+ apela más a los hombres y, más concretamente, a los estudiantes y técnicos. Las mujeres son el segmento de consumo más potente y más del 10% del sector femenino en Pinterest gana $100.000+ al mes. Aquí usted puede ver el potencial que tiene Pinterest para los vendedores entre este grupo demográfico clave.

A dos años de su lanzamiento en marzo de 2012, Pinterest registró 104 millones de visitas y es la tercera más visitada en los EE.UU. detrás de Facebook (7 mil millones de visitas) y Twitter (182 millones de visitas).

Al principio de abril de 2012, uno de los co-fundadores de Pinterest, Paul Sciarra, ha decidido abandonar su cargo para formar parte de Andreessen Horowitz, una firma de inversión privada que ha invertido en compañías como Pinterest, Skype, Zynga, Foursquare o Twitter.

Además de su sitio web, Pinterest también tiene una aplicación para iPhone y iPad y una versión móvil del sitio (los usuarios de Android pueden usar el sitio móvil para acceder a Pinterest).

La expansión de Pinterest se ha debido principalmente a las amas de casa y al "boca a boca" y es justo decir que el crecimiento de Pinterest ha sido igualmente increíble e inesperado. Lo más inusual sobre Pinterest es, sin embargo, que ha crecido rápidamente, pero en voz baja. No hay duda de que Pinterest es mucho más que una moda pasajera – será un gran contendiente en los próximos años y llegó para quedarse. Y mientras está aquí para quedarse, está aquí como una oportunidad de marketing en Internet.

# 3
## COMO PINTEREST HACE DINERO?

Pinterest, como muchas otras redes sociales o sitios generados por el usuario, en sus comienzos tuvo el objetivo de no concentrarse en hacer dinero, sino más bien en la construcción de un producto o plataforma que le fascinara a los usuarios y en el que se pudieran involucrar todo el tiempo. A Twitter y a Facebook les tomó par de años crear una estrategia de monetización que no fuese entrometida. Por favor, lea abajo la retractación que Pinterest pone en su sitio web con respecto a este tema.

*"En este momento, estamos enfocados en el crecimiento de Pinterest y en hacerlo más valioso. Para financiar estos esfuerzos, hemos tomado inversión externa de empresarios e inversionistas con capital de riesgo. Hemos probado distintas vías para hacer dinero, tales como enlaces de afiliados. También podríamos intentar añadir anuncios, pero no lo hemos implantado todavía. A pesar de que ganar dinero no es nuestra prioridad en este momento, se trata de un objetivo a largo plazo. Después de todo, ¡queremos que Pinterest haya llegado para quedarse!"*

La compañía recaudó cerca de $37,5 millones en el 2011 y fue financiado por un grupo de inversionistas y empresarios destacados. Yelp, Milo, Bebo, Behance o Eventbrite por mencionar algunos. No hay muchos detalles acerca de la situación financiera de la empresa, pero parece que tiene una valoración extraoficial de $1.5 mil millones (Facebook – 103, Linkedin – 10, Twitter – 8, Instagram – 1) y lo más probable es que no esté generando beneficio económico… todavía.

Recientemente, Pinterest ha experimentado con un par de métodos para monetizar su sitio y una sociedad de mercado de afiliación con Skimlinks fue uno de ellos. Los expertos de la industria aseguran que lo habían hecho por alrededor de 2 años y que desistieron hace unas semanas al recibir un serio riesgo de capital o cuando LLSocial.com publicó un artículo denunciando su estrategia de monetización.

Squidoo y Moneysavingexpert también utilizaron Skimlinks por un tiempo y luego desistieron ya que no ganaban suficiente dinero. Sólo para aclarar, Skimlinks es un servicio externo que identifica automáticamente los enlaces que tienen un programa de afiliados y luego le añade un código de afiliado. Skimlinks por lo general ofrece una comisión de entre el 2-5%.

En resumen, se cree que Pinterest tiene algunos *grandes de la industria* detrás suyo en términos de poder financiero e inversión. No se cree que esté actualmente generando ningún dinero, pero eso no ha impedido una valoración extraoficial de la compañía de alrededor de $1.5 mil millones. Pinterest está creciendo a ritmo acelerado, tanto en términos de uso como en tamaño de la empresa y también hay rumores de otros, mucho más establecidos rivales, que están viendo a Pinterest como una posible adquisición futura. Esta es una señal de que Pinterest no sólo está creciendo en popularidad, pero que se está tomando cada vez más en serio como una potencial oportunidad de inversión, y un rival importante para la elite establecida de las redes sociales.

# 4

## CLONES DE PINTEREST: ¿PUEDE VER USTED ALGUNA DIFERENCIA?

Mientras Pinterest se hacía popular, muchos otros expertos en tecnología se dieron a la tarea de crear imitaciones y llevarse así un pedazo del pastel de la industria. En este capítulo daré algunos ejemplos de sitios que se ven casi idénticos a Pinterest.

Lo que verá en las siguientes páginas son ejemplos de algunos sitios de imitación. Esto no es inusual en el mundo de las redes sociales. Después de todo, si una idea tiene éxito y hace un llamamiento a las masas ¿por qué no tratar de replicar un modelo exitoso? Esto ha sucedido con Facebook, Twitter, Wordpress, YouTube y muchos otros. Lo que he notado, y lo que en mi opinión seguirá ocurriendo es que este tipo de imitación funciona, adquieren su lugar en el mundo de las redes sociales y se hacen populares. Sin embargo, nunca serán tan populares o exitosos como el original.

## Renren Guangjie (j.renren.com)

Si usted hace una búsqueda en Baidu, el motor de búsqueda chino, encontrará por lo menos 17 clones de Pinterest. Sin embargo, el que presenta mayor interés para nosotros es Renren Guangjie, que se traduce como "todo el mundo compra". Renren Guangjie fue desarrollado y puesto en marcha en enero de 2012 por Renren (conocido como el Facebook de China) y básicamense se enlaza con Taobao, que es el eBay de China.

Figura 6: Página principal de Renren Guaugjie

## Gogobot (gogobot.com)

Si Pinterest es más que todo para las personas creativas y astutas, "Gogobot" es para los planificadores de viajes. Las recomendaciones que usted recibe vienen directamente de su red social y se personalizan para cada uno de nosotros. Usted también puede compartir reseñas y fotos de los lugares en los que ha estado o crear "listas de deseos". Esta nueva red social ya ha logrado atraer inversiones considerables de 2 personas poderosas en la industria en Internet y esos son el dueño de Google, Eric Schmidt, y el gerente general de Square.

Figura 7: Página principal de Gogobot

## Gentlemint (gentlemint.com)

Gentlemint es otro clon de Pinterest, pero este va más dirigido a los hombres. Comenzó como un proyecto paralelo que se completó en 12 horas y ya cuenta con varios miles de usuarios y muchos más en lista de espera. En la página de inicio de Pinterest, la moda, el maquillaje y las uñas son los temas predominantes. En Gentlemin pueden verse los *pinches* destacando coches, whisky, futbol, motoras, el concepto de iPhone 5 y mucho más.

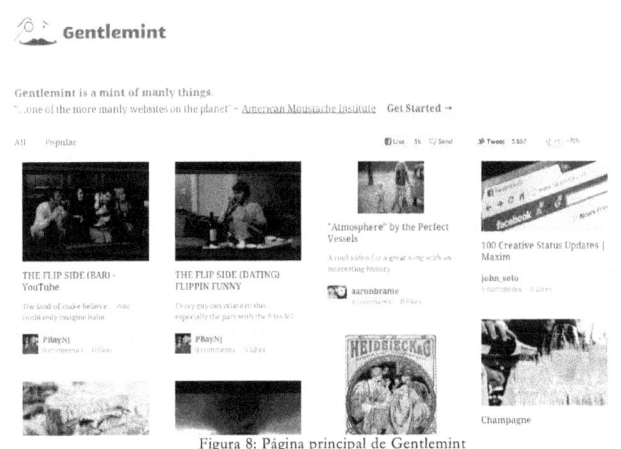

Figura 8: Página principal de Gentlemint

## Pinspire (pinspire.com)

¿Y qué pasa con "Pinspire"? ¿Puede usted notar alguna diferencia? Tiene la misma combinación de colores, el mismo concepto y el mismo logotipo. Fue impresionante cuando vi que las diferencias no eran obvias. Pinspire fue construido en Alemania por los hermanos Samwer quienes ya tienen experiencia en la clonación de los sitios web más populares desde el año 1999 y luego los venden. Lo hicieron con el Alanda, el cual fue vendido a eBay, el CityDeal que fue vendido a Groupon y Plinga a Zynga. Y como usted puede ver, también han hecho lo mismo con Pinterest.

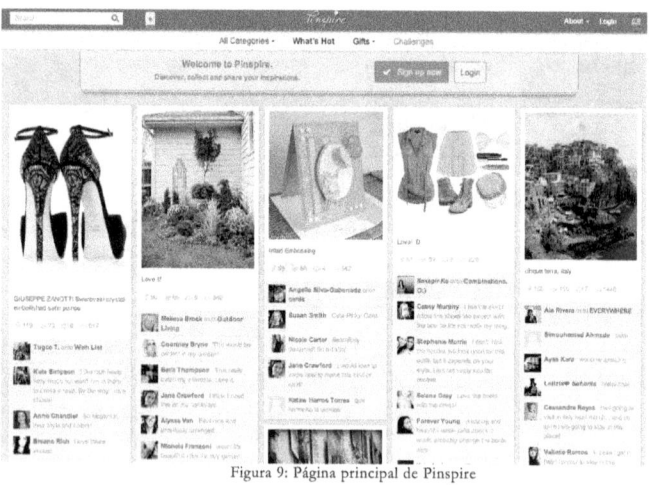

Figura 9: Página principal de Pinspire

## Mistash (mistash.com)

Mistash es un catálogo social de "acumulaciones" o más bien productos que ya tiene, desea o ha poseído en el pasado. En Pinterest usted puede añadir sus propias etiquetas o enlaces de afiliados, pero con Mistash no hay manera de hacer esto ya que ellos lo hacen automáticamente por usted.

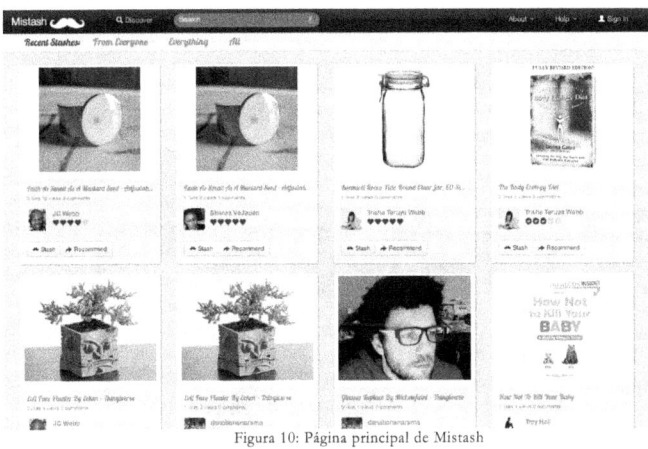
Figura 10: Página principal de Mistash

## Loudlee (loudlee.com)

Loudlee es un clon israelí de Pinterest para amantes de la música. Una vez haya creado una cuenta usted podrá escuchar gratuitamente su música favorita y compartirla en Facebook o Twitter. Loudlee tiene una colección impresionante de música de buena calidad que en realidad está sacado de YouTube.

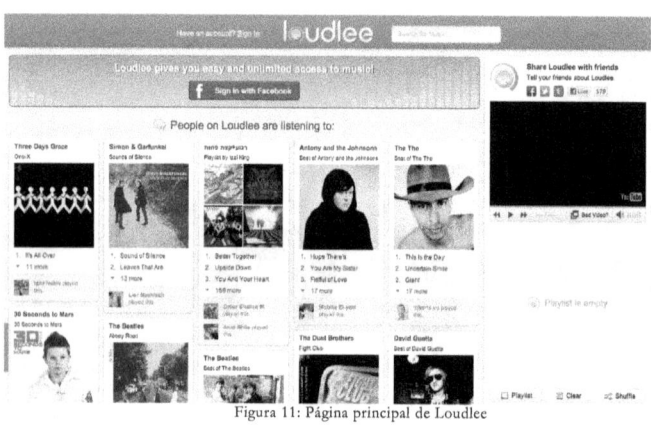

Figura 11: Página principal de Loudlee

## Pintile (pintile.com)

Pintile es la versión india de Pinterest construido por Fizzy Software el cual ha diseñado con mucho éxito varias aplicaciones para Facebook y iPhone.

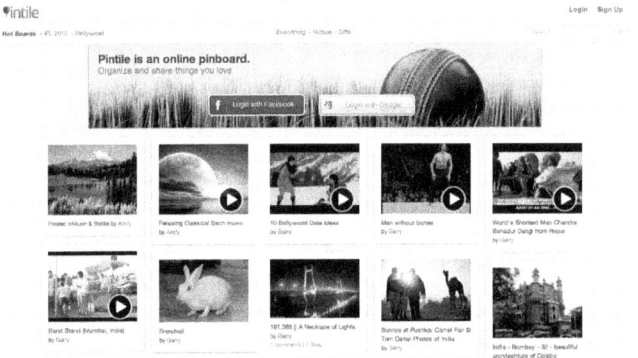

Figura 12: Página principal de Pintile

## Pinme (pinme.ru)

Hemos visto que en China hay por lo menos 17 imitadores
de Pinterest, ¿pero y qué si buscamos en Yandex, el motor
de búsqueda ruso? ¿Habrá algún clon? Por supuesto que lo
hay. Pinme.ru es casi indistinguible, y ya ha conseguido atraer
a algunos inversionistas (Groupon Rusia es uno de ellos).
Además de pinchar imágenes Pinme.ru permite la evaluación
de productos o la descarga de video.

Figura 13: Página principal dePinme.ru

Y los últimos sitios de los que me gustaría comentarles ya
que ambos tienen una interfaz similar a Pinterest, son **Lulu
Live** y **Crowd Voice**, que cuentan con videos de las
protestas de Bahrein y el Oriente Medio.

# BAHRAIN PROTESTS - LULU LIVE

Figura 14: MiddleEastVoices Página principal de LuluLive

Figura 15: Página principal de Crowdvoice

Hay muchos otros sitios alrededor del mundo que han copiado el concepto de Pinterest, algunos de ellos han desarrollado una copia descarada y otros han logrado crear nichos geniales. ¿Qué hace a Pinterest tan especial y por qué tantos lo imitan? Exploraremos esto en el siguiente capítulo.

# 5
## PINTEREST SOBRESALE EN EL CONCURRIDO MUNDO DE LAS REDES SOCIALES

Pinterest es la nueva gran maravilla en el mundo de las redes sociales, por lo menos eso es lo que algunos expertos y empresas opinan y no reemplaza a las herramientas existentes de los medios sociales, sino que ofrece una funcionalidad complementaria. Observe a continuación una infografía que explica muy bien el uso de algunas de las redes sociales más poderosas en este momento.

*"Me gusta" el chocolate*

*Yo como #chocolate*

*Aquí tiene una receta de chocolate*

*Yo frecuento gente que le gusta el chocolate*

*Veme comer chocolate*

*Yo soy un expert en hacer chocolate*

*C'est ici que je mange du chocolat*

*Yo tomo fotos nítidas de mi chocolate*

WORDPRESS
*Yo escribo (blogs) sobre el chocolate*

Hoy, cuando el mundo cibernético está prácticamente inundado de redes sociales, es de esperarse que aparezca gente nueva. Algunos son originales y durarán, mientras que otros serán originales y fracasarán. Pinterest, sin duda va a durar. Twitter fue original y ha obtenido sus recompensas por el hecho de ser diferente. Facebook no era del todo un concepto nuevo en el 2004, pero la novedad fue la manera en que ejecutó la idea. Se necesita una gran cantidad de pensamiento o una ocurrencia fortuita de una idea genial para golpear a lo grande en el mundo de la Internet. A continuación he enumerado los principales protagonistas de la industria de los medios sociales para que observe donde está situado Pinterest actualmente.

**Facebook:** sobre 900 millones de usuarios

**YouTube:** más de 800 millones de visitantes únicos al mes y 3 billones de vistas de video al día

**Twitter y Qzone:** sobre 500 millones de usuarios

**Sina Weibo:** sobre 300 millones de usuarios

**Renren:** sobre 170 millones de usuarios

**LinkedIn:** 150 millones de miembros

**Groupon:** 115 millones de subscriptores

**Google+:** sobre 90 millones de usuarios

**WordPress:** 72 millones blogs

**Tumblr:** 50 millones blogs

**Pinterest:** 38 millones de usuarios activos

**Foursquare y Instagram:** 15 millones de usuarios

Pinterest puede seguramente catalogarse como un sitio de red social o un álbum de recortes sociales que está aquí para quedarse y está destinado a crecer. Eso no sería debido a la tendencia de las redes sociales, pero debido a su singularidad. Incluso el creador de Facebook, Mark Zuckerberg, acaba de crear una cuenta de Pinterest la cual ya tiene 8.000 seguidores. Mark tiene un nuevo reto cada año: en el 2010 llevaba una corbata todos los días, en el 2011 se había comprometido a aprender el idioma chino y en el 2012 ha dicho que sólo comerá carne de los animales que él mismo mate. Así que ya tengo muchas ganas de ver su tablero de "Animales que he matado".

Mientras Facebook tuvo la idea de amigos en Internet, ponerse al día con viejos amigos y estar en contacto con otros nuevos, Twitter tuvo la idea única de micro mensajería, creando la moda global de celebridades mundiales que se mantienen en contacto con los fans que los siguen. YouTube creó la herramienta de "siéntate y relájate mientras yo te entretengo". Pinterest ha llegado con su propio concepto único. Pinterest es el puente de los medios de comunicación social entre el mundo emocional y el comercial, y los vendedores saben muy bien que si pueden llegar a nuestro corazón entonces será mucho más fácil lograr que compremos algo, ya que la gente compra emocionalmente y luego lo justifica con lógica.

La idea de Pinterest se encapsula en su mismo término. Pinterest tiene 'pin' e 'interest' (en español sería "pinchar" e "interés"). Así que lo que uno hace es "pinchar" imágenes que hablan de nuestros "intereses" en un tablero de pinches. Todavía se asemeja a los aspectos básicos de Facebook en términos de gustar y compartir el contenido, toma el ejemplo de Twitter en cuanto a las características de "sígueme" y "retweet", y es muy similar al modelo de "Stumble Upon" que suministra a los usuarios ideas de otras personas con "gustos" relativamente similares a los suyos. Pinterest puede igualmente tener un poco de conexión con Tumblr, en el sentido de que también es un sitio que permite a los usuarios publicar blogs de interés y los usuarios que comparten ese interés pueden seguir esos blogs.

Donde Pinterest difiere es en el foco de la red social, en la idea de compartir imágenes de interés. Es esta especialidad y el hecho de que ningún otro adorno se le ha añadido lo que hace a Pinterest verdaderamente único. No es para criticar a Facebook o a Google+ o a Twitter, todos ellos son grandes nombres que hay que tener en cuenta, nombres que han jugado un papel importante en la definición de la vida de las personas en Internet, pero que de alguna manera se han convertido en lo cotidiano de todo el mundo sin un foco especifico. Mientras eso funciona para las personas comunes, al final no hace maravillas para las empresas. Aquí es donde Pinterest puede golpear en grande. Las empresas tienen la oportunidad de crear una fanaticada que esté especialmente interesada en su dominio específico o tema.

Algunos de los mejores y más populares tableros de pinches en Pinterest son los de productos de moda, el estilo de vida y los que están dirigidos al arte, la pintura, la artesanía o la fotografía. Pinterest se ha mantenido intencionalmente lejos de hacer lo que los otros han llegado a dominar y este sentimiento exclusivo es lo que podría darle una ventaja.

Las imágenes tienen más impacto que las palabras y Pinterest es un buen ejemplo. La mayoría de las empresas cuentan con Pinterest debido a lo centrado que parece ser el objetico del sitio. Facebook puede ser una buena manera de mantenerse en contacto y Twitter puede ser una fantástica manera para que un político o una celebridad haga algún anuncio o actualice su estado, pero es en Pinterest donde verdaderamente se puede involucrar a un usuario.

Pinterest se preparaba para convertirse en un sitio sumamente informativo, lo que Facebook, Google+ o Twitter no son. Claro, que son agradables para estar en ellos y Twitter ofrece una manera para mantenerse al día sobre las últimas cosas que están pasando en el mundo, pero Pinterest es más personalizado. Usted tiene la oportunidad de descubrir cosas de las cuales usted está realmente interesado. Es este concepto centrado-en-el-interés lo que funcionará en favor de Pinterest a largo plazo. Puede servir como una plataforma sólida para que las empresas puedan conocer e interactuar con sus verdaderos clientes.

Las redes sociales necesitan mantenerse impredecibles, pues quedarse en lo mundano inmediatamente los sacaría del tope de las listas. Pinterest le ha dejado a los usuarios mantener el sitio en ese modo de auto-descubrimiento que siempre ha tenido. No se basa en noticias en tiempo real, el lanzamiento de un producto específico o promoción, sino en la exposición de lo que le apasiona a cada persona o empresa. Mas aun, mediante el uso de *bookmarking* visuales, Pinterest permite a los usuarios mostrar los productos que poseen y aman, lo cual a su vez, naturalmente, promueve tales productos a otros usuarios. Este marketing gratuito a los manufactureros de estos productos tiene el potencial ilimitado de difundir un producto y promocionar una marca.

# 6

## PINTEREST PARA PRINCIPIANTES

## Paso 1: Reciba Una Invitación

Usted tiene que ser invitado a ser miembro de Pinterest y este será el caso hasta el día que se decidan a abrirlo a todo el mundo, al igual que hizo Google con su Google+.

Hay tres maneras de conseguir una invitación.

**Una manera** de hacerlo es solicitar al mismo sitio en el pinterest.com, pero puede tomar hasta 24 horas para ser aceptado y muchas veces esta invitación no llega.

**Otra forma** es que me envíe un correo electrónico a <globalndigital@gmail.com> y yo le enviaré una invitación.

**Una tercera** manera sería pedirla a alguno de sus amigos o publicar un mensaje en Facebook, Twitter o un foro y pedirla ahí.

## Paso 2: Crear Su Cuenta

Así que ya tiene una invitación. Una vez recibida su invitación, tiene que hacer clic en el enlace del correo electrónico para acceder a la página que lo está invitando a **unirse a Pinterest usando Facebook Connect o su cuenta de Twitter.**

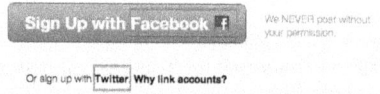

Pinterest reclama que registrarse por medio de su cuenta de Facebook o Twitter reduce el correo basura y también le ayudará a seguir automáticamente a sus amigos de Facebook o seguidores de Twitter que ya son miembros de Pinterest. Por desgracia esto no se aplica a las empresas, ya que no se les da la opción de seguir a sus fans por lo que esta podría ser una de las razones por las que usted debe registrarse con su cuenta personal de Facebook. No importa cuál escoja para registrarse, puede enlazarse y desenlazarse de ambas cuentas más adelante o **mi sugerencia sería registrarse por**

**medio de Twitter y agregar luego su página de grupo de Facebook.**

Si usted decide registrarse por medio de Facebook primero tiene que darle permiso a la aplicación de Pinterest para acceder a sus detalles, pero esto sólo requiere unos pocos clics.

Con Twitter es más fácil, sólo haga clic en "*sign in*" ("registrarse") y entre los detalles de usuario de su cuenta de Twitter.

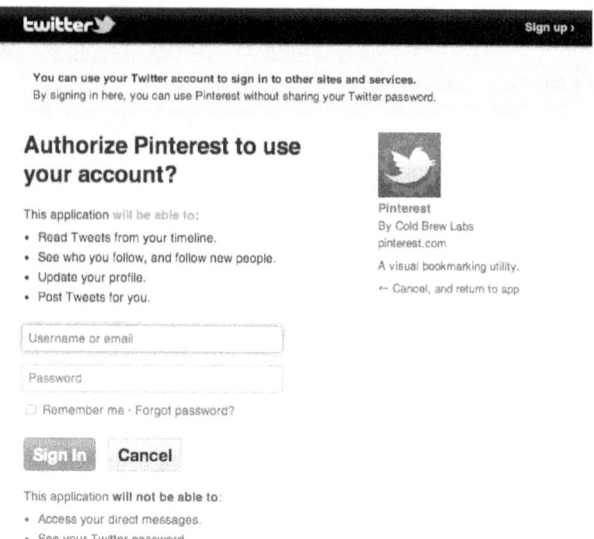

Tan pronto haga esto, será llevado a una página donde se le pedirá introducir su **nombre de usuario, dirección de correo electrónico y contraseña para acceso a su Pinterest**.

Puede crear unos nuevos o introducir el nombre de usuario y la contraseña que ya tiene de sus cuentas de Facebook o Twitter. Si se decide por las que ya tiene, usted sólo tendrá un nombre del cual recordarse y Pinterest también le ayudará a mantenerse conectado con sus amigos de Facebook o sus seguidores de Twitter inmediatamente. Pero como mencioné antes, usted puede añadir su nombre de usuario y contraseña de Facebook o Twitter más adelante si prefiere crear unos nuevos.

Para su conocimiento, su nombre de usuario constituye la última parte de su url, por lo que una vez cree su cuenta, el url de su cuenta será el siguiente: pinterest.com/nombredeusuario. Así que asegúrese de elegir un nombre de usuario que vaya a la par con su estrategia. Pero no se preocupe, ya que todo en Pinterest puede ser revisado más adelante: nombre de usuario, dirección de correo electrónico o contraseña, unirse por Facebook y/o cuentas de Twitter.

Una vez haya decidido los detalles de acceso a Pinterest, por favor haga clic en "create account" ("crear cuenta"). Si usted recibe un error 404, por favor cambie su navegador (varias personas han tenido problemas con el Chrome) o regístrese por medio de Twitter si no funcionó con Facebook. Nota a las empresas: **sólo los detalles de acceso a su cuenta personal de Facebook** son aceptadas en este momento.

Su cuenta ha sido creada y ahora necesita **elegir algunos intereses a partir de una lista para que Pinterest lo pueda emparejar con otras personas que tengan intereses similares a los suyos.**

**Si creó una cuenta personal escoja cualquier área que le interese, mientras que para una cuenta comercial le sugiero que escoja una categoría especifica que concuerde con su línea de trabajo.**

Una vez elegidas las categorías que le interesan, haga clic en "Follow People" ("Seguir Gente") que está en la parte inferior de la pantalla. Pinterest no es como Facebook, donde tiene que pedir permiso para ser amigo de alguien. Usted sólo tiene que seguir a las personas que compartan sus mismos intereses y cuando publiquen algo nuevo esto será visible para usted. Puede eliminar cualquiera que no coincida con sus intereses, sin embargo le sugiero que al principio siga todas las sugerencias y luego las ajuste más adelante.

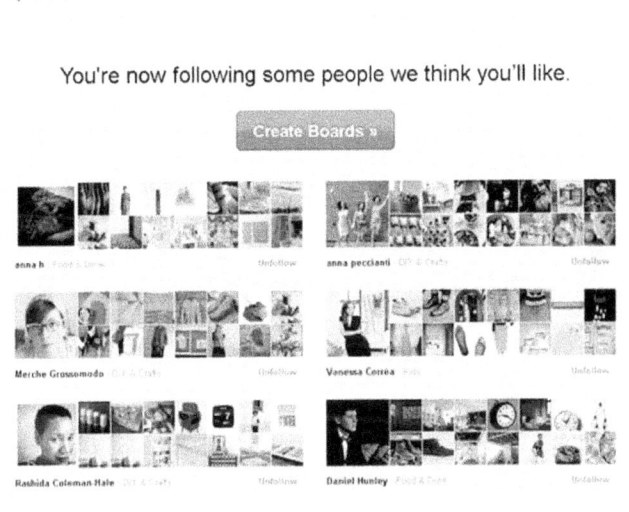

Luego puede **empezar a crear sus primeros tableros.** Verá cinco sugerencias de tableros que puede crear. Puede editar estos o eliminarlos haciendo clic en la cruz al final de cada uno. Si usted no sabe qué tableros le gustaría crear, le sugiero que empiece por uno y añada tantos como quiera más adelante, luego de haber definido su estrategia de contenido. No hay límite en el número de tableros que se pueden crear. También podrá ver sugerencias para los títulos de los tableros a la derecha. Si hace clic en uno de ellos, se añadirán automáticamente a su lista.

Póngale un título interesante a los tableros y bueno en palabras claves cuando le sea posible. Tan pronto haya terminado, haga clic en "create" ("crear").

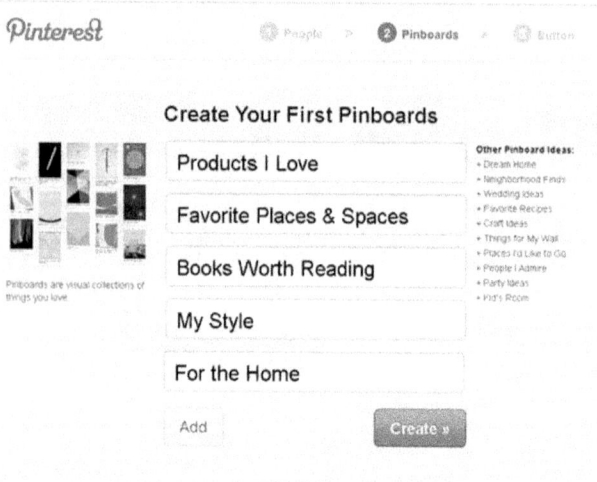

Ahora hay que **instalar el *bookmarklet* "Pin It" ("Pínchalo") a su navegador.** Pinterest ha creado un video que explica cómo hacerlo aquí: http://pinterest.com/about/goodies/ y es especifico para cada navegador. El *bookmarklet* le facilitará las cosas cuando pinche fotos a sus tableros desde cualquier sitio que visite con la condición de que el sitio no haya optado por no permitirlo y que tenga contenido visual (fotos, graficas o videos). Así que arrastre su botón de "pin it" a su navegador y estará listo para la diversión.

## Goodies

## "Pin It" Button

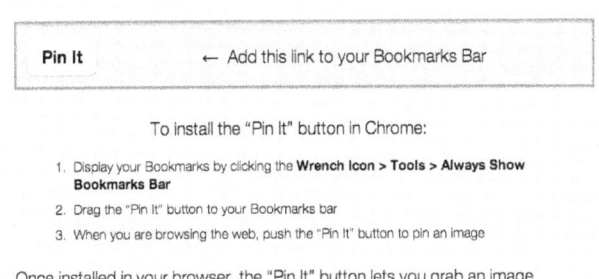

Ponga el *Bookmarklet* "Pin It" En Su iPad/iPhone

Usted puede "repinchar" fácilmente los "pinches" de otras personas con tan sólo descargar la aplicación de Pinterest en su iPhone o iPad. Con el fin de ser capaces de pinchar las cosas en la web es necesario tener el *bookmarklet* "pin it" instalado.

Y hay dos maneras de hacer esto:

1. Instalar el *bookmarklet* en su computadora con el navegador Safari y luego sincronizar sus dispositivos.

2. Instale la aplicación de Pinterest en su iPhone o iPad y luego vaya a Profile> Account> Install Bookmarklet.

Y después de esto hay un código que necesita "copiar y pegar" en el navegador, pero Pinterest le dará toda la ayuda necesaria cuando llegue a esta etapa. Sin embargo, esta forma es más difícil que la primera y yo no la recomiendo.

## Paso 3: Editar Su Perfil

Comencemos por editar su perfil. Para hacer esto tiene dos opciones: haga clic en "edit profile" ("editar perfil") o en "settings" (configuraciones) del menú despegable en la parte superior a la derecha.

**Email:** suministre un correo electrónico personal o de negocios de acuerdo a su estrategia en Pinterest. Su dirección de correo electrónico no se mostrará públicamente.

**Notifications (Notificaciones):** si usted no desea recibir un e-mail cada vez que alguien empiece a seguirlo, repinche alguno de sus pinches o comente en sus pinches desactive todas las opciones en "off".

**First Name & Last Name (Nombre & Apellido):** también llamado título de su perfil. Si ha creado un perfil de negocios le sugiero que ponga en el nombre y apellido los mismos detalles que usó en su nombre de usuario y lo ideal es que contenga alguna palabra clave. Su nombre de usuario aparecerá en el url y el nombre y apellido en la parte superior de la imagen de perfil.

**Username (Nombre de usuario):** use un nombre de usuario con una buena palabra clave o su nombre comercial

**About (Sobre):** también llamado "bio" o "descripción del perfil". Le recomiendo que mencione algo acerca de usted, lo que hace su empresa, enumere sus productos o servicios en mayúscula, explique de que tratarán sus tableros y agregue una "lamada a la acción". También aconsejamos mostrar su sitio web aquí y también en la sección de "sitio web". No hay límite en el número de caracteres que se utilice.

**Location (Ubicación):** para las empresas locales es muy recomendable que introduzca su dirección completa.

**Image (Imagen):** si esta cuenta se utilizará para negocios le sugiero subir su logotipo o una imagen de muy buena calidad que represente uno de sus productos

**Website (Sitio web):** introduzca la dirección de su sitio web.

**Facebook & Twitter:** aun en el *"profile settings"* ("configuraciones de perfil") usted puede enlazar o desenlazar sus cuentas de Facebook y Twitter.

**Visibility (Visibilidad):** el uso de la palabra "visibilidad" en las configuraciones es un poco confuso, así que si quiere que su perfil sea indexado en los motores de búsqueda por favor deje la opción en "OFF".

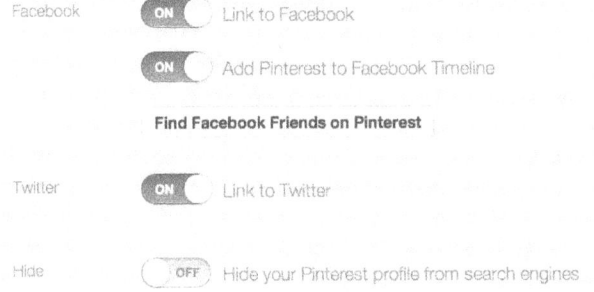

Haga clic en "save profile" ("guardar perfil") y verá que debajo de la descripción de su perfil o bio aparecerán varios iconos y todos se enlazan a alguna parte: el pequeño globo enlaza a su sitio web, los siguientes dos iconos a sus cuentas de Twitter y Facebook y el último a su fuente de RSS.

Estos iconos aparecerán solamente si en la "configuración" usted puso su sitio y se enlazó a sus cuentas de Facebook y Twitter. Una cosa que usted necesita recordar es que, aun cuando en estos iconos se les puede hacer clic, para que la gente tenga acceso a sus cuentas de Facebook y Twitter desde su cuenta Pinterest, usted tiene que hacerlas públicas.

Bajo estos iconos hay un botón llamado "Activity" (su "actividad" de orden de eventos en tiempo real) que muestra cuando usted o sus seguidores interactúan con sus cuentas de Pinterest.

# Paso 4: ¡Comience A Pinchar!

## TODO SOBRE TABLEROS

Antes de entrar en lo que es "pin y pinnning" ("pinches y pinchando"), cómo obtenerlos, cómo pueden ser editados y mucho más, le sugiero que comience a crear algunos tableros.

Como hemos visto cuando se unió a este sitio web, hay varios "boards" ("tableros") prefabricados que puede utilizar. Estos tienen títulos tales como "Productos que amo", o "Lugares y Espacios Favoritos".

Para acceder a los tableros, puede hacer clic en el "user" ("usuario") o en los "boards" ("tableros") del menú desplegable como se muestra a continuación. Como podrá notar, su tablero o tableros se encuentran actualmente vacíos.

Para crear un nuevo tablero haga clic en el botón "Add +" ("Añadir +") colocado en la parte superior derecha y haga clic en "Create a board" ("Crear un tablero").

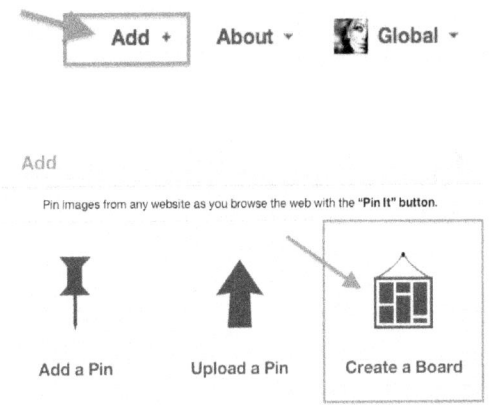

Añada el nombre para su tablero utilizando una buena palabra clave y elija una categoría.

Hay 32 categorías para elegir y al elegir la categoría correcta esto le ayudará a mantenerse organizado y también permitirá que la gente encuentre sus pinches con mayor facilidad.

1. Arquitectura

2. Arte

3. Autos & Motocicletas

4. Diseño

5. Hágalo Usted Mismo y Manualidades

6. Educación

7. Filmes, Música & Libros

8. Condición Física

9. Comida & Bebidas

10. Jardinería

11. Geek

12. Cabello & Belleza

13. Historia

14. Días Festivos

15. Decoración Del Hogar

16. Humor

17. Niños

18. Mi Vida

19. Vestimenta De Mujer

20. Vestimenta De Hombre

21. Exteriores

22. Gente

23. Mascotas

24. Fotografía

25. Impresiones & Carteles

26. Productos

27. Ciencia

28. Deportes

29. Tecnología

30. Viaje & Lugares

31. Boda & Eventos

32. Otros

A sus tableros siempre se les puede cambiar de nombre y reorganizarse después. Para reorganizar los tableros usted tiene que estar en su página de perfil y hacer clic en el pequeño cuadrado localizado en el medio de la página. Siempre arrastre los tableros más importantes al tope. Cuando usted comienza en Pinterest es muy recomendable que cree ocho tableros con 4-5 pinches en cada uno pues esto es lo que la gente verá primero cuando esté haciendo clic en su perfil, y los tableros vacíos o incompletos no lucen muy bien.

Para editar un tablero, haga clic debajo del tablero que desea editar. Aquí puede cambiar la portada del tablero, el título del tablero, añadir una descripción, decidir quién tendrá la autoridad para añadir pinches a su tablero, cambiar la categoría o incluso eliminar su tablero.

## Editar un tablero

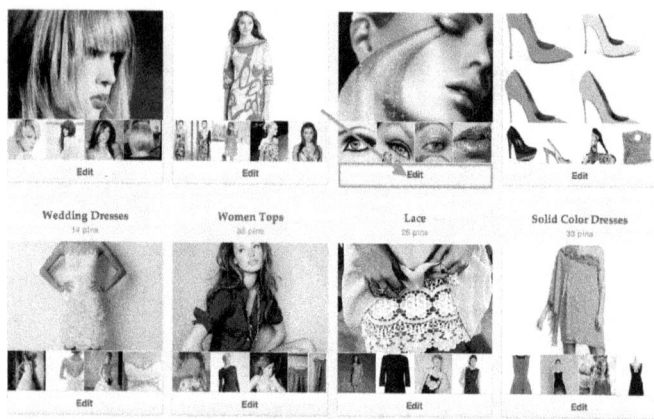

## Editar la portada del tablero

Como hemos visto hasta ahora, un "tablero" o un "pinboard" ("tablero de pinches") no es más que una colección de pinches organizados por categoría. Entonces, ¿qué son los "Pins" ("Pinches")?

En Pinterest nos clasificamos de acuerdo a nuestras preferencias. Todas esas imágenes, videos, regalos o discusiones que nos parecen agradables e interesantes en la web y etiquetamos se llaman "Pinches". Pinterest es a menudo un medio de "aspiración" pues la gente suele coleccionar imágenes de algo que les gustaría tener o ser en el futuro. Sin embargo, como ya hemos explorado, la gente también pincha artículos que poseen y que aman.

Hay varias maneras de **encontrar contenido para pinchar:**

### 1)    Use el *Bookmarklet* "Pin It"

Mientras usted está navegando por la web y se topa con algo interesante, puede "pincharlo" a cualquier tablero que quiera usando el botón "Pin It" que instaló anteriormente en su navegador.

Los pinches son en realidad imágenes miniatura que están enlazadas a la fuente de referencia. El único requisito es que el sitio del cual está pinchando tenga una imagen o un video, sin embargo, no se puede pinchar el contenido de un sitio de Flash en esta etapa, aunque hay rumores de que está bajo estudio y desarrollo.

Tomemos un ejemplo. Vaya a las Imágenes de Google y copie la palabra "flores".

Escoja una fotografía que le guste y haga clic en ella, entonces haga clic en la "x" cerca de la imagen.

8_flowers+pictures.jpg

Esto lo sacará de las Imágenes de Google y lo llevará a la publicación original donde estaba esa foto.

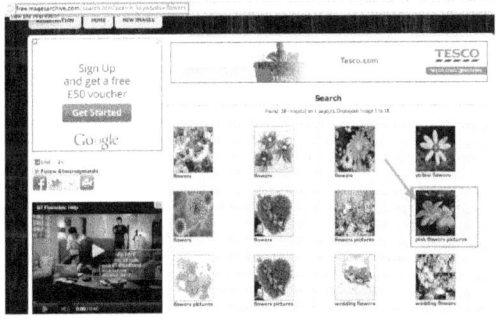

Ahora haga clic de nuevo sobre la imagen que desea pinchar, a continuación, haga clic en el botón "pin it" de su navegador, pase el ratón por encima de su pinche y luego por "pin this" ("pinche esto").

Escoja el tablero correcto para su imagen o cree uno nuevo, añada la descripción y listo.

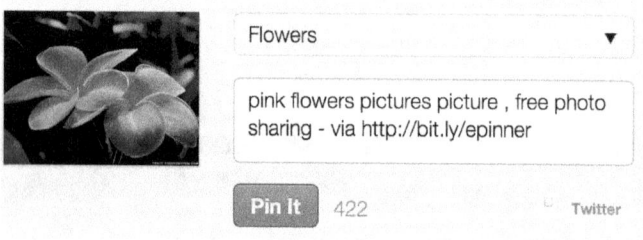

Este método de pinchar directamente desde la web ha creado un debate acerca de si Pinterest infringe con los derechos de autor. En los EE.UU. los derechos de autor son únicos y los catálogos de imágenes miniatura son considerados como de "uso legítimo" bajo las leyes de derechos de autor de Estados Unidos. Esto es así siempre que el propietario sea citado en el uso de su imagen y todavía existe mucho debate sobre si Pinterest infringe en las leyes de derechos de autor. Pinterest es una empresa con base en

EE.UU., de modo que siempre que actúe de acuerdo a la ley de EE.UU. realmente no está haciendo nada malo. Esto podría ser diferente si estuviera fuera del territorio de Estados Unidos donde las leyes de derechos de autor son de "*fair dealing*" en lugar de "uso legítimo".

Pinterest claramente llama a citar la fuente de los contenidos en sus guías de usuarios. Y, más recientemente, para defenderse contra las leyes de derechos de autor, Pinterest anunció que ha creado un código que se puede encontrar en la sección "ayuda" de su sitio y este puede ser añadido por cualquier propietario de un sitio web en la parte superior de las páginas que no quieren compartir en Pinterest. Así que cuando alguien vaya a tratar de pinchar el contenido de esa página, recibirán el siguiente mensaje: *"Este sitio no permite pinchar a Pinterest. Por favor, póngase en contacto con el propietario para cualquier pregunta. ¡Gracias por su visita!"*. Yahoo, el propietario de la red social Flickr ya se ha aprovechado de esta nueva característica y entregó a sus usuarios la opción de optar por no-compartir su contenido en Pinterest.

Para encontrar la fuente original de una imagen encontrada en Pinterest instale la extensión de Google Chrome "<u>Pin Search</u>" que le permite realizar una búsqueda basada en imágenes.

## 2)    Navegue por los pinches de otras personas

Otra forma de encontrar contenido para pinchar es hojeando los pinches de otras personas y "repinchando" algo que le guste a uno de sus propios tableros. Repinchar es como *retweetear* y el 80% de los usuarios de Pinterest lo prefieren en lugar de buscar imágenes en la web o cargar su propia fotos. Pinterest tiene la abertura de Twitter ya que todos pueden ver sus tableros y la intimidad de Facebook en términos de contenido compartido. La creación de tableros privados no es posible en este momento, sin embargo, esto es algo que Pinterest podría implementar en el futuro.

Con el fin de navegar por los pinches de otras personas, usted tiene dos opciones:

a) o bien **hace una búsqueda por palabra clave** y luego navegue a través de "pinches", "tableros" o "gente".

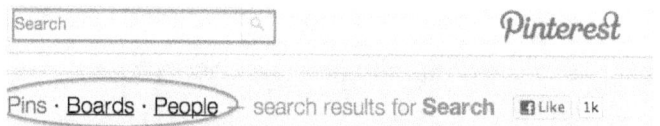

Digamos que me gusta el vestido azul de arriba y quiero mostrarlo en mi tablero de "moda". ¿Cómo puedo hacer esto? Paso el  ratón sobre la imagen y luego me darán tres opciones: "**repinchar**" (ponerlo en mi tablero sin sacarlo del tablero original); "**gustar**" (que se agrega a mi perfil, pero no a mis tableros. Usted elige "gustar" una imagen si esta no encaja con el contenido de sus tableros, pero aun así le parece interesante); y "**comentar**" (esta es una buena manera de relacionarse con otros pinchadores).

lace

crazywithitcrazierwithout.tum
blr.com

En nuestro caso vamos a elegir "repinchar" y de esta manera hemos añadido una nueva imagen a nuestro tablero de moda. Cuando repinche, guste o comente el pinche de alguien, esa persona recibirá una notificación por correo electrónico.

b) o puede hacer **clic en el logotipop "Pinterest"** en la parte superior de la página y se le dirigirá a una página que muestra los pinches más recientes de otras personas: desde "pinners you follow" ("pinchadores que usted sigue") hasta "gifts" ("regalos").

*Pinterest*

Pinners you follow · Everything * · Videos · Popular · Gifts *

**Pinchadores que usted sigue**: muestra todos los pinches de usted mismo y de las personas que usted sigue

**Todo:** usted encontrará todos los pinches más recientes en Pinterest ordenados por categoría

**Videos:** todos los pinches de video más recientes

**Popular:** verá qué pinches son los más repinchados en ese momento y por lo tanto, comprenderá las tendencias

**Regalos:** usted encontrará todos esos pinches que tienen un precio desde $1 a $500+ y puede comprar regalos haciendo clic en la imagen que tiene un enlace directo al vendedor

Si está navegando y no puede ver todos los detalles de un pinche (por ejemplo, la infografía con palabritas pequeñas), le sugiero que descargue la extensión de Chrome "Pinzy" y luego ponga el ratón sobre cualquiera de los pinches que desea ampliar.

### 3) Añada un pinche

Y el tercer método para obtener un pinche es añadiéndolo usted mismo.

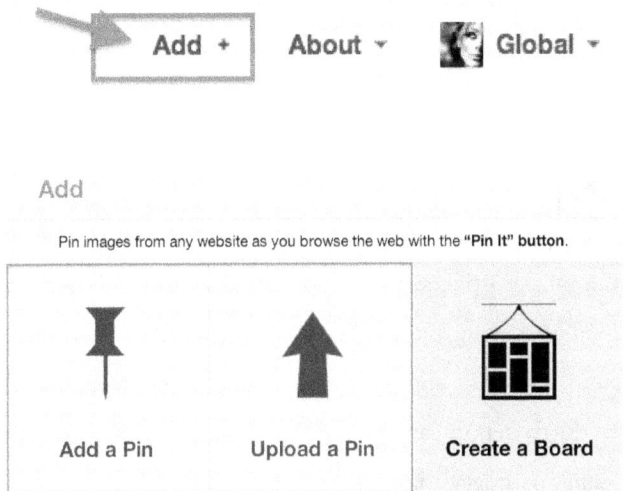

Usted puede:

**a)   añadir el pinche de una página web** a la que le conozca la url exacta. Con el nombre del sitio web usted solamente obtendrá una selección muy limitada de pinches para pinchar.

Add a Pin

Find Images

**b)   o subir una imagen** que usted tenga en su computadora y de la cual usted tiene los permisos para hacerlo.

Upload a Pin

Choose File

Tenga en cuenta que aunque el tamaño vertical de la imagen no se limita, no puede ser mayor de 554 píxeles de ancho. También es aconsejable añadir una *watermark* (marca de agua) con su url y realizar una búsqueda primero para ver cuál es el contenido más popular antes de subir la suya. Si usted no tiene ninguna imagen interesante para subir podría comprar imágenes y crear algo nuevo con ellas.

**Para crear infografías** usted puede usar visual.ly. **Para añadir una marca de agua a sus fotos** puede usar "Watermark Reloaded", un *widget* de Wordpress.

Ya hemos visto cómo podemos añadir contenido a nuestros tableros. Ahora veremos qué más se puede hacer para pinchar con éxito.

**Para editar un pinche** haga clic en uno de sus tableros, pase el ratón por encima del pinche que desea modificar y se le darán tres opciones: "repinchar" a uno de sus otros tableros, "comentar" o "modificar".

Versus . Spring 2012. Absolutely amazing!

tumblr.com

En la descripción se puede añadir una descripción con una buena palabra clave o simplemente palabras claves separadas por una coma, introduzca su afiliado o url del sitio web y elija el tablero correcto para poner el pinche.

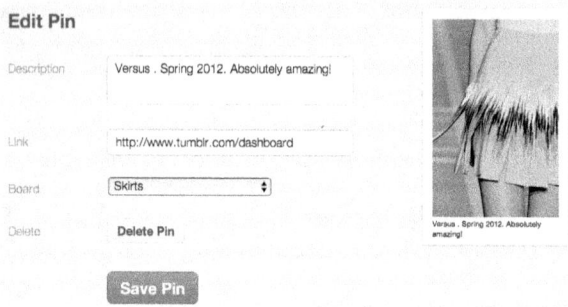

Como hemos visto hasta ahora, los pinches están organizados en tableros de pinches y cada tablero de pinche es parte de una categoría. Los tableros de pinches puede ser re-organizados con facilidad, sin embargo, no es tan fácil de hacer con los pinches individuales. Al momento de escribir este libro Pinterest está estudiando esta posibilidad.

**Menciones en Pinterest**

Si desea recomendar o notificar a un usuario sobre algún pinche usted debe estar siguiendo uno de los tableros de dicho usuario e introducir el símbolo "@" (arroba) seguido por el nombre de usuario de la persona, ya sea en la descripción del pinche o en el comentario del pinche.

### Hashtags en Pinterest

Usted probablemente está consciente del símbolo "#" (hashtag) en Twitter que se une a una palabra clave para facilitar su búsqueda. En Pinterest usted tiene que agregar esto en la descripción de la imagen y no puede.

### Comentar sobre un pinche

Como mencioné anteriormente, la mejor manera de relacionarse con otro usuario es haciendo comentarios sobre sus pinches. Sin embargo, si ha cambiado de idea y desea eliminar su comentario puede hacerlo haciendo clic en la "x" en el lado derecho del comentario. Siguiendo el mismo proceso usted también es capaz de eliminar los comentarios de otros usuarios sobre sus pinches.

**Añadir precio a un pinche** es muy fácil. En cualquier parte de la descripción del pinche puede escribir el simbolo de dólar ($) o el de la libra esterlina ( £ ) seguido por la cantidad, la cual tiene que ser mayor que 1. Por el momento no funciona con cualquier otra moneda, sin embargo el Euro (€) debe estar por incluirse muy pronto por ser el tercer mayor mercado de Pinterest y uno que sabemos que está creciendo rápidamente.

## Video Pins

Pinterest se conoce sobre todo por el compartir de fotos, sin embargo, desde agosto de 2011 las personas también pueden compartir vídeos. Por el momento sólo los vídeos de YouTube y Vimeo pueden ser compartidos y esto se hace a través de la opción de "add pin from a webpage you know the url" ("añada un pinche de una página web a la que le conoce la dirección url") o usando el *bookmarklet* "Pin It". Para encontrar la dirección url correcta de un video que quiera compartir, vaya a YouTube, encuentre un video y haga clic en "share" ("compartir") debajo del video. Copie el url que está a la izquierda y luego péguelo en Pinterest.

**Consiga que sus pinches se vuelvan virales**

Las 10 primeras fuentes para pinches son:

Figura 16: Fuente Zoomsphere

Los pinches pueden volverse virales en cuestión de segundos, y así mismo ser vistos por millones de personas alrededor del mundo.

Citas divertidas, recetas, chiquillos adorables o animales, infografías, concursos y videos parecen estar entre los más populares en Pinterest y tienen el potencial de volverse virales. Este potencial global y viral es, nuevamente, el sueño de los vendedores en Internet y tiene un increíble potencial comercial cuando se está promoción un producto.

## Paso 5: Ser Seguido

Usted puede hacer que la gente "siga todos" sus tableros, lo que significa, básicamente, seguir su perfil, o puede hacer que "sigan" tableros individuales. De la misma manera que usted puede seguir a alguien, en cualquier momento puede dejar de seguir usuarios o tableros, y dichos usuarios no serán notificados al respecto.

**Haga clic en "follow" para seguir un usuario y sus tableros**

Etsy
Everywhere

Follow

# Haga clic en "follow" para seguir un tablero individual

Con el fin de ver quién sigue su perfil o a quién usted está siguiendo en Pinterest tiene que ir a su perfil y hacer un clic en "followers" ("seguidores") o "following" ("siguiendo") a la derecha como se muestra abajo.

Con el fin de ver cuántas personas siguen uno de sus tableros, haga clic en el tablero y en la parte superior derecha podrá ver el número de seguidores para ese tablero y el número de pinches *"curated"* hasta ese momento. Desafortunadamente por ahora no es posible ver detalles de los seguidores de su tablero.

**Para incrementar su número de seguidores** usted necesita:

i) Publicar todo el tiempo: subir contenido original, repinche el pinche de otras personas o use el *bookmarklet* "pin it"

ii) Encontrar personas en su nicho y seguirlas, y confiar que lo sigan a usted. Para encontrar gente en su nicho puede ver los seguidores de la gente que usted ya está siguiendo y seguirlos, hacer una búsqueda por palabra clave o ver la categoría "everything" ("todo") y buscar su nicho

iii) Seguir a la gente que lo sigue y también a sus seguidores

iv) Interactuar con personas que tienen un gran número de seguidores, comentar sobre sus cosas, gustar o repinchar

v) Instalar los botones "follow us" y "pin it" a su sitio

vi) Añadir un enlace "follow us on Pinterest" ("síganos en Pinterest") en la firma de su correo electrónico de negocios

vii) Hacer un video de "¿Cómo puedo usar Pinterest?" en YouTube con un enlace a su perfil, y pinchar sus videos de YouTube

viii) Mencionar otros usuarios en sus comentarios o en las descripciones de los pinches para llamar la atención

ix) Publicar valiosos "comentarios" en los pinches que aparecen en la página principal de Pinterest o en la categoría "popular". Esto le ayudará a aumentar la visibilidad para su cuenta y atraer a más seguidores. Todos sus comentarios tendrán un *backlink* (enlace de regreso) hacia su perfil y la gente podría seguirle

x) Publicar pinches virales: hermoso, educativo, inspirador, útil o divertido

xi) Si usted tiene una lista de clientes, invítelos a unirse a Pinterest y a seguir su perfil. Desafortunadamente, usted tiene que escribir las direcciones de correo electronico una a una cuando está invitando gente. El bloqueo de los usuarios que usted no quiere que lo sigan todavía no es posible, pero está siendo considerado por Pinterest.

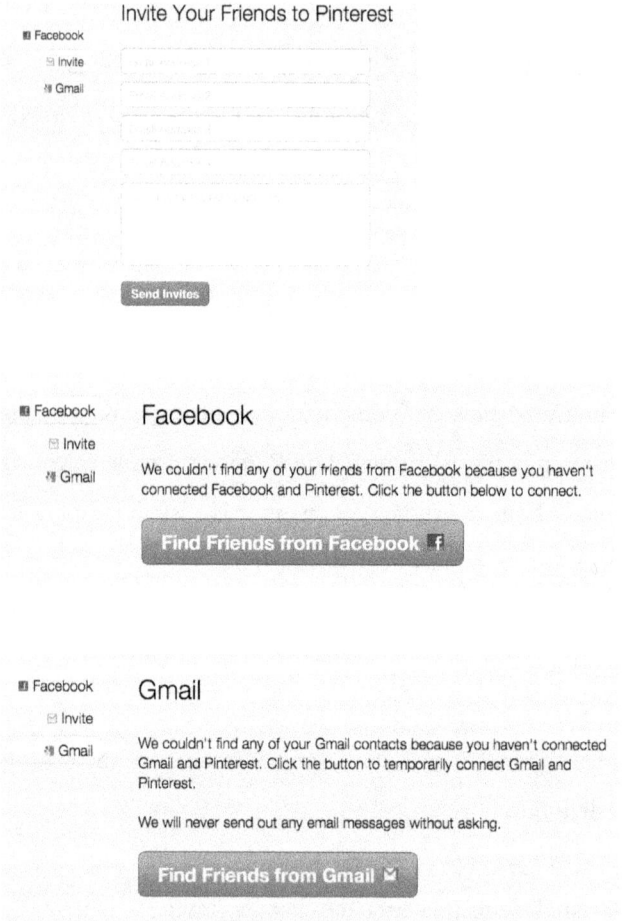

# Paso 6: Lleve La Conversación Visual Fuera De Pinterest

Si le gusta un pinche y quiere compartirlo con otros, Pinterest le da varias opciones: *gustarlo*, *tweetearlo*, *insertarlo* en una página web o *enviarlo* por correo electrónico a alguien que estaría interesado en saber más sobre él. Sin embargo, si usted encuentra un pinche que considera "ofensivo", usted puede reportarlo a Pinterest y ellos lo eliminarán de inmediato.

**Para mostrar sus pinches más recientes en su página web** en su *sidebar* (barra lateral) le sugiero instalar el *widget* de Wordpress "Pretty Pinterest Pins". Usted puede elegir mostrar la descripción debajo de la imagen y también el número de pinches. También puede mostrar los últimos pinches de cualquier usuario.

**Compartir En Facebook**

Si usted aún no ha actualizado la *Facebook Timeline* no será capaz de compartir sus pinches. Sin embargo, cuando usted pinche o repinche asegúrese de marcar la casilla para "compartir", y los enlaces de sus pinches o tableros serán compartidos en las actualizaciones de su estado. Tenga en cuenta que la gente no quiere que se le notifique cada vez que usted tiene un nuevo pinche en sus tableros a menos que estos sean de beneficio para ellos.

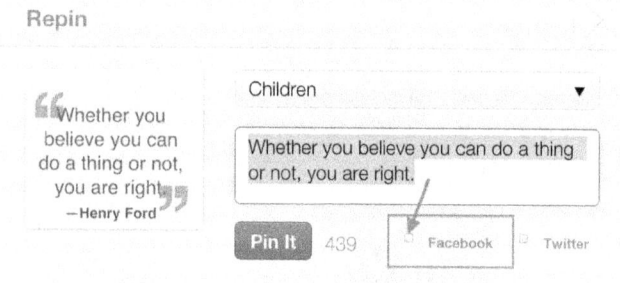

Si le gusta todos los pinches de un tablero específico usted puede hacer clic en "like" en la parte superior del tablero y se compartirá con sus amigos de Facebook.

## Compartir en Twitter

Si su cuenta de Pinterest está enlazada a su cuenta de Twitter, puede compartir sus pinches cada vez que pinche o repinche, marcando la casilla que dice compartir.

# Paso 7: La Etiqueta Del Pinchado

Ahora que ha aprendido los fundamentos de Pinterest me gustaría insistir en las reglas del buen pinchado y las he enumerado a continuación:

i) Dar crédito al pinchador original cuando pinche o repinche y no lo reclame como propio a menos que lo sea

ii) No sólo pinche sus publicaciones y productos. Usted tiene muchas otras redes sociales que permiten promover su negocio directamente. Pinterest se trata de intereses personales y de inspiración. Sin embargo, si usted tiene una empresa y desea conectarse con sus clientes le aconsejo hacer esto de una manera creativa y así no asusta a la gente mediante una venta directa

iii) La desnudez o contenido de odio no está permitido y puede ser denunciado en cualquier momento y retirarse inmediatamente

iv) Pinche la imagen o el vídeo de un *blogpost* y no desde la página principal de un sitio, o directamente de las imágenes de Google, ya que podrían ser removidas o actualizadas fácilmente y usted terminá con un cuadrado blanco en lugar de una imagen en el tablero de pinches

v) Ponga una descripción a cada pinche que agregue. Utilice palabras descriptivas en lugar de ".", "bonito" o "me encanta" para que la gente sea capaz de encontrarlo fácilmente a la hora de buscar un artículo en particular

vi) Pinchar vídeos está permitido. Cuando usted encuentre un vídeo que lo inspire, pínchelo y añádale una buena descripción. Se repinchará casi de inmediato.

# 7

## ¿CÓMO GENERAR DINERO EN PINTEREST?

En el momento de escribir este libro, marzo de 2012, Pinterest ocupó el puesto número 48 a nivel mundial por Alexa, tenía un *page rank* en Google de 6 y una autoridad de dominio SEOMoz de 94, 50.000 *link juices*, casi 1,7 millones de fans en su página de Facebook, 700.000 seguidores en su cuenta de Twitter y más de 21 millones de usuarios. El tiempo y la oportunidad para aprender con rapidez y beneficiarse de Pinterest es ahora, mientras este se prepara para la explosión global. Si usted descubre cómo utilizar a Pinterest para propósitos comerciales antes que ninguna otra persona, podrá convertirse en un líder de su industria.

Pinterest se está convirtiendo rápidamente en una de los mejores, sino LA mejor herramienta de marketing de cualquiera de las redes sociales.

Para una red social relativamente nueva, los tableros de pinches son fáciles de compartir y divertidos de leer, sin quitarle mucho de su tiempo.

Para los productos o servicios, Pinterest puede llevar su negocio a un nivel completamente diferente. Todo lo que necesita es unos pocos "Pin It" y su negocio podría fácilmente despegar. Así que antes de comprometerse y pedir una invitación, asegúrese de que está preparado para el nuevo tráfico que le espera y las ordenes que recibirá para sus productos.

Lo mejor de Pinterest es que no importa qué tipo de negocio usted tiene. Por ejemplo, un sitio web llamado Child's Own Studio, que hace muñecos de peluche a partir de dibujos de los niños, le estaba funcionando muy bien hacer de 4 a 5 ordenes a la semana. Alguien "pinchó" este sitio y ahora la dueña tiene tantas ordenes que no sabe qué hacer con ellas. La dueña también recibe más de un centenar de correos electrónicos al día. Y todo esto con un sitio web que ni siquiera tiene alojamiento en un dominio propio y no tiene facilidades de pago por Internet.

Figura 17: Fuente childsown.wordpress.com

Según una encuesta organizada por PrecioMania donde 5.000 personas fueron entrevistadas, el 21% de los encuestados informó que habían comprado un producto después de ver una imagen en Pinterest. Los productos más comprados fueron relacionados con la alimentación, la moda, la decoración del hogar y artesanías.

Así que usted ahora puede ver donde Pinterest será clave para su estrategia de marketing y el tráfico extraordinario que puede atraer. A continuación unas cuantas industrias que se benefician del uso de Pinterest.com. Tenga en cuenta que Pinterest no puede configurarse para que funcione automáticamente, una persona real es la que debe estar involucrada.

**Empleados Independientes** – Cualquier tipo de profesional independiente, como un fotógrafo, escritor, diseñador de páginas web o de otro tipo puede duplicar o triplicar el tráfico de su sitio cuando incluye a Pinterest en sus planes de marketing. Un "pin it" puede traerle más trabajo del que podría manejar. Muestre sus productos o servicios de una manera visual y atractiva, añada una descripción y enlácelo a su sitio.

Usted puede también crear un *ebook* o cualquier otro incentivo y ofrecerlo gratuitamente para incrementar su lista.

The Swiss Courier. Free for Today
(Feb. 1) only! $0.00
Christianbook.com, Amazon.com ...
spread the word!

Nicole M. via Tricia Goyer onto
BookPile

**Minoristas** – en realidad no se pueden vender productos a través de Pinterest pero usted puede dejarle saber a la gente que usted tiene un producto que a ellos les podría interesar y también puede mostrar el precio. Cuando usted publica su producto, por lo general como una imagen o un vídeo, los pinchadores lo repincharán y compartirán con sus amigos de Facebook y Twitter, sin mencionar todos sus seguidores de Pinterest. También puede poner un enlace hacia su sitio web, crear paquetes de ofertas exclusivas, activar promociones, cupones de oferta, o incluso coleccionar testimonios de personas que han vestido o usando sus productos. Con el fin de vender mejor, lo que tiene que hacer es crear deseo e inspirar a la gente; los buenos comerciantes saben que ellos no venden un producto, sino un modo de vida.

**Agentes de viaje** – si usted está en la industria de viajes usted puede pinchar destinos de viajes a hoteles, ciudades, restaurantes, lugares para visitar y cosas para ver en cualquier lugar del mundo. Para ello usted debe crear un tablero especial para mostrar sus destinos con imágenes de la ciudad, cosas que hacer, lugares para comer, e incluso las recetas le conseguirán una respuesta de pinchadores.

La belleza de Pinterest es que usted atrae la atención y el interés por medio de las imágenes de sus productos y luego puede enlazar y llevar el tráfico a su sitio web principal.

**Decoradores del hogar** – Algunos pinchadores están utilizando Pinterest para construir su casa de ensueño. Consiguen opinión sobre diseño desde cualquier parte del mundo. Buscan consejos de cómo decorar sus casas, qué tipo de iluminación, pisos y cocinas, y algunos de ellos acaban comprando el producto. Si este es el caso de su empresa, ¡usted acabará por obtener clientes sin hacer demasiado esfuerzo!

moroccan home of fashion designer
Liza Bruce

elledecor.com

Pink + orange.

sayyestohoboken.com

**Agentes de bienes raíces** – exponga las mejores imágenes de bienes raíces que usted tenga y enlácelas a su sitio

Luxury Villa in Dubai

1220 South Ocean Boulevard, Palm Beach, FL $74,000,000

**Expertos en belleza, compradores personales o planificadores de boda** - los tres principales temas de pinches en Pinterest en este momento están relacionados con la belleza: las uñas, los ojos y el peinado. Como alguien que se encargue de la imagen de sus clientes usted podría sugerir *looks* específicos y actualizar sobre las tendencias actuales.

**Dueños de restaurantes** – puede compartir ideas de recetas, cócteles, nuevos menús y hasta interiores.

**Vendedores afiliados** – un vendedor afiliado puede aumentar el tráfico de cualquier producto que está recomendando. Los tableros están llenos de "listas de deseos" de personas que buscan los mejores productos para sus hogares, patios y jardines y ajuares completos para vestir con ropa casual o para una noche en la ciudad. Ellos repinchan, y sus amigos repinchan, etc... ¡usted ni siquiera necesita un sitio web! Sólo decídase por un nicho y empiece a pinchar. Y con cada pinche usted puede utilizar enlaces de afiliados directos. También le aconsejo probar diferentes imágenes, videos, formatos o diseños y publicarlos en diferentes momentos del día o días de la semana para ver cuál funciona mejor. No hay un formato establecido o fórmula para Pinterest. Por medio del "ensayo y error" a menudo se puede producir el mejor y más sorprendente resultado.

**Dueños de clubes** – usted puede crear tableros moderados para que sus fans le expresen su apoyo.

**Dueños de proyectos** – como un grupo de personas que trabajan en un mismo proyecto, Pinterest le da la opción de añadir contribuyentes a su tablero. Y también se puede hacer investigación de mercado o recopilar opinión sobre un producto que está en desarrollo.

**Maestros y coaches** – si usted tiene algo que enseñar, Pinterest es un gran recurso para subir los planes de lecciones, tutoriales en vídeo o citas de motivación. Y los estudiantes pueden responder a sus publicaciones si les permite contribuir a uno de sus tableros.

**Especialistas en relaciones públicas** – Pinterest es ideal para las marcas. Puede mostrar el logotipo de su cliente, páginas web, las oficinas, los empleados, estudios de casos, inicie un tema para pinchar todos los días, ofrezca noticias, etc.

**Estrategas de SEO** – aprovéchece de las oportunidades de creación de enlaces y uso de palabras claves. Hasta hace poco todos los enlaces de Pinterest solían ser "dofollow", pero aún hay algunas maneras de que usted pueda conseguir algunos enlaces *dofollow* y yo le mostraré cómo en el capítulo de las más avanzadas estrategias.

Elija una industria y Pinterest podrá ser una de las mejores herramientas de marketing en su arsenal. Sin embargo, es necesario utilizarlo de la manera correcta. No es como los llorones en Facebook, o los tweeteadores que lo mantienen al tanto de todos los pormenores de lo que hacen durante todo el día. Si desea una respuesta del resto de los pinchadores, entonces usted tiene que pinchar de la manera para lo cual pinchar fue creado. Eso es lo que quieren en Pinterest, algo que los ayude, que los inspire, que les levante su estado de ánimo, algo que les de una razón para vivir, y otras ideas para hacer su vida mejor. Si usted puede proporcionar eso sin vender de una manera agresiva, lo repincharán a menudo. Repinchar es como su mensaje se volverá viral.

No importa en cual industria esté o si su negocio es grande o local, existen indudables oportunidades de comercialización en Pinterest. Aunque no existe una fórmula mágica de marketing en Internet en este mundo superpoblado, Pinterest puede realmente ayudar a dirigir el tráfico a su sitio. Y, como sabemos en el marketing en Internet, el tráfico significa dinero.

# 8
## APRENDA DE LOS EXPERTOS

## Las Marcas Más Pinteractivas Y Atrayentes

No fue sino hasta hace unos meses atrás que Pinterest logró llamar cierta atención. A pesar de haber estado por los alrededores por casi dos años, el sitio social de intercambio-de-fotos se mantuvo significativamente distante de un amplio sector del público o a decir verdad, fue al revés. De todos modos, algunas empresas han podido estar un paso por delante de las demás en Pinterest y han ido ganando protagonismo en el sitio, haciendo crecer su número de seguidores y también han logrando atraer a los usuarios. Aquí hay 10 marcas en Pinterest que realmente han logrado hacer las cosas correctas en este juego.

# Mashable

Mashable, el sitio de noticias techno, es una de esas pocas marcas en Pinterest que tiene un pensamiento de "adelantarse al futuro". Pinterest ha sido en cierta manera más favorecido por las mujeres hasta ahora, y el contenido de Mashable no es el preferido de la mujer consumidora tradicional. Sin embargo Mashable ha entendido la importancia de tener una presencia en Internet y sabe que los hombres, inevitablemente, subirán al tren de Pinterest. Mashable podría terminar muy por delante de los otros sitios de techno que en el futuro se inscribirán a toda prisa a Pinterest sin una estrategia adecuada.

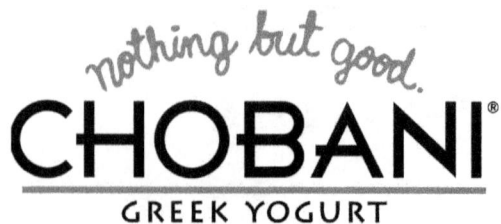

**CHOBANI®**

GREEK YOGURT

4.752 seguidores

717 seguidos

21 tableros

1.023 pinches

26 likes (me gusta)

El marketing social no se trata de lo que realmente usted hace, sino de cómo atrapa a su público. Chobani parece haber dominado este arte. A pesar de que su dominio es de un yogur griego, constantemente comparte información interesante acerca de productos alimenticios, recetas diferentes y algunos hechos desconocidos. Ellos han estado acrecentando constantemente su base de seguidores y son sin duda una de las marcas que han asumido la estrategia correcta en Pinterest.

8.699 seguidores

160 seguidos

38 tableros

2.669 pinches

53 likes (me gusta)

Cuando un sitio tiene alrededor de 60 a 70% de mujeres usuarias, cualquier cosa que tenga que ver con belleza y moda será sin duda uno de los puntos calientes favoritos. Brichbox se las arregla para pinchar diversos tipos de contenidos sobre consejos de belleza, de moda, y también otro tipo de producto, lo que mantiene a sus seguidoras femeninas pegadas a sus actualizaciones. Birchbox ha demostrado que Pinterest no se trata simplemente de compartir algunas fotos, pero que uno puede innovar. Birchbox sube vídeos sobre sus productos y una gran cantidad de información. Ellos son, quizás, una de las mejores compañías en Pinterest que ha implementando estrategias exitosas de promoción.

24.901 seguidores

1.112 seguidos

38 tableros

736 pinches

11 likes (me gusta)

Cuando una marca tiene visión y filosofía, entonces debe hacer algo para promover ese espíritu a un público más amplio. Whole Foods es una de esas marcas raras que podría no estar intentando tener un impacto en las ventas, sino que su intención es la de promover su lema. La marca comercial se las arregla para poner contenido regularmente sobre buena y mala comida, higiene y otras actualizaciones de la vida verde.

# ◪ SCHOLASTIC

Los libros deberían ser promovidos tanto como las películas y la música. Scholastic hace exactamente eso al subir varias imágenes de portadas de libros y promoviendo actuales y futuros libros y novedades sobre la publicación. También tienen algunos aspectos curiosamente divertidos en sus tableros de pinches, como    personas disfrazadas de personajes de libros, atrayendo mucha atención a la marca.

# Better Homes and Gardens™

Siempre estamos interesados en ideas para nuestros hogares y consejos de jardinería. Cualquier marca que esté asociada con el estilo de vida e ideas de decoración de inmediato capturará la imaginación de los usuarios en Pinterest. Esto es exactamente lo que la marca Better Homes y Gardens ha hecho con su perfil.

**Where Creativity Happens™**

12.067 seguidores

3.486 seguidos

35 tableros

861 pinches

38 likes (me gusta)

El concepto inicialmente de Pinterest era para pinchar imágenes y compartir lo que uno quisiera. Michaels Stores es quizás una de las marcas que naturalmente cae en esta categoría en Pinterest puesto que trabajan con artesanía, y todo lo que tenga que ver con creatividad seguramente tendrá resonancia en Pinterest. Sus esfuerzos por compartir nuevas ideas y crear proyectos son una buena manera de mantener el interés y también un tablero de pinches activo.

# Etsy

Cualquier sitio de comercio electrónico debe estar en Pinterest y Etsy fue uno de los primeros en sacarle provecho a esta tendencia. No es tan sólo una de esas marcas raras que tiene un seguimiento masivo, sino que también es alta en actividad. Etsy no sólo trata de vender sus productos en Internet, pero también comparte una gran cantidad de ideas innovadoras para hacerse uno sus propios artículos y muestra lo simple que puede ser hacerlos y usarlos en casa.

1.202 seguidores

295 seguidos

10 tableros

458 pinches

238 likes (me gusta)

General Electric utiliza Pinterest para compartir sus productos, la historia y el linaje y también ha dedicado un espacio para sus fans para que puedan tener presencia en su perfil. La marca permite a los usuarios y fans publicar contenido creativo que sea de interés y fuente de inspiración para los demás.

# Peap○d

## www.peapod.com
Online grocery shopping & delivery

432 seguidores

28 seguidos

39 tableros

711 pinches

17 likes (me gusta)

Sabemos que las cosas pueden ser entregadas a domicilio, ya se trate de alimentos o una computadora portátil. Peapod permite a los usuarios echar un vistazo al interior de un comercio que opera un sistema de entrega a domicilio y les permite descubrir su mundo, una manera única para promover su negocio.

# ¿Quiénes Son Los Pinchadores Poderosos?

Pinterest es un sitio web fantástico para compartir lo que le gusta. El sitio crea un poderoso mundo de organización digital que hasta algunas personas pueden sentirse abrumadas por lo que encuentran allí. En este capítulo le mostraré los pinchadores más poderosos que le han sacado partido a Pinterest para que pueda visitar sus perfiles y tableros de pinches y averiguar lo que les ha hecho tan grandiosos.

## Melissa Alonzo Dillard

4.086 seguidores

2.097 seguidos

94 tableros

7.893 pinches

273 likes (me gusta)

Esta mujer sabe lo que le gusta y su área de especialidad es uno que sirve de gran recurso para muchos. Tiene más de 80 tableros dedicados a la enseñanza y a enseñar habilidades. Si usted es un maestro que está comenzando en Pinterest, ella enciende un  camino que muy pocos pueden seguir. Hay muchos otros maestros en Pinterest que comparten el amor que le tienen a su oficio, pero Melissa le lleva la delantera en cuanto a creatividad e ingenio se refiere. Su ávido interés en su propio campo y su experimentado uso de Pinterest para exponerlo muestra su dedicación y su obvia capacidad. Es gente como Melissa la que hacen de Pinterest un sitio maravilloso. Toman su experiencia del mundo real, conocimientos e intereses y los convierten en tableros para que la gente pueda disfrutar y aprender. Su perfil está lleno de tableros que le ayudarán a aprender mucho más acerca de la enseñanza. Para cualquier profesional de la educación el perfil de Melissa es uno que debe seguir. Ella sabe cómo utilizar el sitio para que que se le haga más fácil y divertido a la gente enseñar. Esto la convierte en una poderosa pinchadora.

## Keegan Adriance

508.739 seguidores

234 seguidos

30 tableros

2.628 pinches

0 likes (me gusta)

Si la fotografía y el diseño son lo tuyo, entonces no busque más allá del perfil de Adriance Keegan para inspiración e ideas. Ella tiene casi tres mil pinches y más de 500.000 seguidores, todo gracias a su creatividad y disposición a compartirla. Sus consejos incluyen accesorios y prendas de vestir para hombres y mujeres. También llena su perfil con su propio trabajo de fotografía y diseño y comparte sus favoritos con todo el mundo. Los tableros de calidad de Keegan siempre vale la pena mirarlos y usted puede volver a ellos una y otra vez. Están llenos de inspiración para la vida cotidiana, algo que todos necesitamos desesperadamente a veces. Su posición en esta lista se debe a su interés absoluto en todo lo que hace. Ya se trate de alimentos o bebidas, los perros, las fotografías *tilt shift* o fotos de su equipo ideal de cámara, ella le imparte pasión a su pinchado. Es por eso que sus consejos son tan populares y el motivo por el cual es ya una poderosa pinchadora establecida.

## Marine Loiseau

279.850 seguidores

903 seguidos

51 tableros

11.736 pinches

329 likes (me gusta)

Los tableros en Pinterest de Marine son simples y elegantes. Todos sus intereses en el sitio web salen de una cosa, la belleza. Ella toma las ocurrencias cotidianas que damos por sentado y señala la belleza que hay en ellas, encontrar tanta belleza cotidiana plasmada en una fotografía es increíble. Su manera única de mirar el mundo le ha ganado casi un cuarto de millón de seguidores y más de 300 "me gusta". Si usted está atascado en la vida o atrapado en una rutina rebusque a través de los tableros de Marine. Su excelente "piel... luz" está lleno de imágenes espectaculares de luz que interactúa con la piel, y es uno de mis favoritos. Su capacidad de tomar un concepto simple y elevarlo al arte es un testimonio increíble de su visión única. Ella es la mejor en lo que hace y por eso merece un lugar en la lista como poderosa pinchadora.

## Ben Silbermann

808.507 seguidores

70 tableros

3.768 pinches

No es de extrañarse que Ben sea un poderoso pinchador, él es nada más y nada menos que el director general de Pinterest. Él sabe exactamente cómo usar el sitio y se nota. Tiene casi un centenar de tableros activos y miles de pinches. Cuando Pinterest comenzó en beta, en marzo de 2010 él fue uno de los primeros perfiles allí. Tenía una ventaja inicial en el mundo del pinchado, pero eso no es lo único que lo hace grande en esto del pinchado. Tiene tableros de todo el espectro. Muestra todos sus intereses y, a veces, simplemente pone algo divertido, entretenido y conmovedor que le permite a usted relajarse y disfrutar de su experiencia en el pinchado. El perfil de Ben incluso tiene muchos tableros específicamente para los hombres, que resultan ser sólo un pequeño porcentaje de los usuarios de Pinterest. Si usted necesita inspiración mire los tableros de Ben. Él sabe lo que está haciendo, él fundó el sitio, y él es sin duda un poderoso pinchador.

## Jane Wang

2.827.501 seguidores

128 seguidos

90 tableros

15.428 pinches

1.629 likes (me gusta)

La madre de Ben es también alguien de quien aprender. Ella es en realidad la pinchadora más seguida hasta ahora. El próximo pinchador más seguido tiene sólo la mitad de los seguidores que Jane Wang tiene. Jane ha logrado construir casi 100 tableros todos desde una amplia gama de intereses, tales como "problemas", "octupus", "muchacho", "diversión con los niños" o "alternativas para hágalo usted mismo sin final".

Si vio estos pinchadores increíbles (marcas e individuos) ahora debe tener una mejor idea de la forma correcta de acercarse a Pinterest. El factor importante es que todos los que he mencionado comparten su interés por lo que hacen y su sincero deseo de compartir su amor. Si usted tiene la misma actitud no tendrá ningún problema para sobresalir una vez le haya agarrado el gusto, ¡y un día usted mismo podrá incluso convertirse en un poderoso pinchador!

# 9
## ESTRATEGIAS AVANZADAS DE PINTEREST

Los protagonistas del mundo, en cuanto a búsqueda se refiere, en este momento son Google para búsqueda de texto, YouTube/Google para búsqueda de vídeos, Pinterest para búsqueda de imágenes y Visual.ly que recientemente anunció su objetivo de convertirse en el líder en la búsqueda de la infografía.

Ahora que hemos aprendido los fundamentos de Pinterest y hemos visto algunos de los expertos en el pinchado, me gustaría guiarlo en este capítulo por las estrategias más avanzadas, como el SEO de Pinterest o cómo rastrear y medir los resultados en Pinterest.

## SEO Para Pinterest

Hemos visto hasta ahora lo grandioso que Pinterest puede ser para su negocio, pero ¿está listo para Pinterest? Una buena optimización de su sitio web, su perfil de Pinterest, pinches y tableros pueden ayudarle a ser encontrado, pinchado, repinchado y seguido y por lo tanto aumentar el tráfico a su sitio.

Con el fin de optimizar su sitio para Pinterest es sumamente recomendable que:

a)    use *permalinks*

b)    todas sus publicaciones tengan una imagen visualmente atractiva

c)    todas sus fotos tengan *alt tags* y marcas de agua digital en su url.

d)    tenga instalado el botón de "follow me" y "pin it". Ambos botones enviarán a la gente a su perfil de Pinterest donde pueden escoger si quieren seguir uno de sus tableros o todos.

**Para instalar el botón "Follow me" en su sitio de Wordpress:**

1.    Seleccione el tipo de botón que quiere que aparezca en su sitio

2. Copie el código que se le ha provisto en la parte derecha del botón

3. Vaya a Dashboard > Appearance > Widgets > Available Widgets

4. Ponga un *widget* de texto para barra lateral donde quiere que aparezaca su botón

5. Pegue el código

6. Remplace "nombre de usuario" con su nombre de usuario de Pinterest y grabe.

**Para instalar el botón "Pin It" debajo de sus publicaciones de su sitio de Wordpress:**

La forma más sencilla de tener un control completo sobre lo que se pinche de su sitio es mediante la instalación del *plugin* Pinterest "Pin It" Button que ya ha sido descargado 20.000 veces. Con este *plugin* se puede elegir dónde quiere que su botón "pin it" aparezca: por encima o por debajo de las publicaciones, en su página, las publicaciones individuales, páginas estáticas y los archivos.

## 2) OPTIMICE SU PERFIL DE PINTEREST

Para optimizar su perfil de Pinterest, asegúrese de que esté enlazado a su sitio web y a sus cuentas de Facebook y Twitter y también incluya sus palabras claves en el "nombre o apellido" y en la sección "sobre" de Pinterest. Para su nombre de usuario me permito sugerirle que añada su nombre comercial. Para SEO local, se recomienda que incluya su ciudad en tantas secciones como le sea posible. También puede añadir su dirección completa y datos de contacto.

Con el fin de ser indexados por los motores de búsqueda no se olvide dejar la visibilidad de su perfil en "off". Su nombre y apellido son los que aparecerán como título en los motores de búsqueda.

Hasta hace poco todos los enlaces de Pinterest, incluyendo el que va a su sitio web desde su perfil, eran enlaces "*do follow*". Ahora el único enlace "*do follow*" que se puede obtener es el de la url de un pinche y el url que usted incluyó en la descripción del pinche, sin embargo, se pueden sustituir fácilmente cuando una imagen se repincha.

Un último consejo que tengo para una mejor optimización de su perfil de Pinterest es enviar el url de su *feed* RSS a Directorios *Feed* RSS. Para encontrar una lista de los directorios de RSS más populares, sólo haga una búsqueda en Google, pero yo recomendaría usar www.pingler.com, el cual realmente ayuda mucho en esto. Usted puede hacer *ping* en su perfil o sólo un tablero.

*Feed de usuario:*

feed://pinterest.com/nombredeusuario/feed.rss

*Feed de tablero:*

feed://pinterest.com/nombredeusuario/board/rss

## 3) OPTIMICE SUS TABLEROS Y PINCHES DE PINTEREST

**Optimizando sus tableros:** asegúrece de añadir una descripción con un buena palabra clave de hasta 500 caracteres para cada uno de sus tableros sin caer en el relleno de palabras claves. Además, elegir la categoría correcta para cada tablero ayudará a los usuarios a encontrar tableros con más facilidad. Cuando la categoría no se agrega a un tablero, Pinterest pedirá a los visitantes de su tablero seleccionar una para usted y puede que usted no quiera esto. El título de los tableros tiene que ser breve, interesante e incluir sus palabras claves.

**Optimizando sus pinches:** al igual que con los tableros, los pinches también tienen su propia descripción, y es muy recomendable que incluya aquí sus palabras claves separadas por una coma y la fuente de url. También no se olvide de agregar el url en la sección de enlaces de los pinches. Cuando añada una descripción a un pinche usted puede utilizar:

**a) hashtags ("#")** delante de las palabras claves para que su pinche se pueda encontrar fácilmente. No use más de tres en una descripción

**b) menciones ("@")** delante del nombre de usuario de uno de los pinchadores que usted está siguiendo para involucrarse con el/ella

**c) "gusta"** para los pinches de otras personas que son interesantes, pero que no coinciden con sus temas

## Rastrear Y Medir Resultados

Cuando una imagen es pinchada desde la web se obtiene automáticamente la fuente de origen del url. Si usted tiene contenido visual en su sitio, es posible que algunos de ellos ya hayan sido pinchados, y que usted ya esté recibiendo el tráfico de Pinterest.

Para verificar si su sitio ya ha sido pinchado, y si su url se agregó correctamente, escriba el siguiente enlace en Google mediante la sustitución de "sudominio.com" con su dominio del sitio: pinterest.com/fuente/sudominio.com. Si encuentra alguna de sus imágenes y no está satisfecho con la forma en que han sido etiquetadas, siempre se le puede enviar un correo electrónico al usuario y pedirle que haga las correcciones necesarias.

Una vez que comience a subir sus propios pinches, le aconsejo que constantemente observe las estadísticas de los pinches y cuáles son los más populares para que sepa qué tipo de contenido debe compartir en Pinterest.

Para consultar las estadísticas de un pinche, haga clic en la imagen como en el ejemplo de abajo y por debajo podrá ver cuántas veces se repincha, gusta o cuántos comentarios ha recibido.

Existe también una herramienta muy útil en la Internet que ayuda a **medir su popularidad e influencia en Pinterest**. Regístrese en Pinpuff (pinpuff.com) escriba su dirección de correo electrónico y nombre de usuario. Usted obtiene estadísticas, tales como calificaciones para su cuenta, el alcance, la actividad o la viralidad, de igual manera el número de seguidores y seguimiento, "gusta" y "gusto", pinches y tableros, repinches, etc. Para espiar a sus competidores necesita sus nombres de usuario y luego escribir el siguiente url en Google mediante la sustitución de "nombre de usuario" con el nombre de usuario Pinterest de su competidor: http://pinpuff.com/user/username

Ya hemos visto anteriormente algunos de los pinchadores más poderosos, tanto marcas como individuos. Si está buscando gente a quien seguir puede comenzar con ellos y también ver la herramienta llamada Zoomsphere (http://www.zoomsphere.com) que muestra **las más influyentes personas o marcas en Pinterest**, Facebook, Twitter, Google+, YouTube o Linkedin. Usted puede accesar a ella libremente y es actualizada todas las semanas.

## La gente más seguida en Pinterest

Figura 18: Fuente Zoomsphere

## Las marcas más seguidas en Pinterest

Figura 19: Fuente Zoomsphere

**Para rastrear el tráfico y ventas** de su sitio web recomendamos **Google Analytics** y <u>Pintics</u> que le ayuda a rastrear varias cuentas de Pinterest, sin embargo, aún está en beta así que tiene que solicitar una invitación.

# 10

## 22 HERRAMIENTAS PARA ELEVAR SU EXPERIENCIA EN PINTEREST

Mientras Pinterest ha sido capaz de hacer crecer su base de usuarios en un período muy corto de tiempo, varias empresas han notado el enorme crecimiento e interés por Pinterest y han inventado aplicaciones asociadas y herramientas de apoyo para mejorar su experiencia en Pinterest. Esto no es nada nuevo, ya que se había visto una evolución similar con Twitter, Facebook o YouTube

### ZoomSphere

Con ZoomSphere, un usuario puede obtener las actualizaciones populares y tendencias de Pinterest y otros sitios de redes sociales (Facebook, Twitter, YouTube, Google+ y Linkedin) en una sola página y en una sola cuenta.

### Pinerly

De la misma manera que Twitter Karma, Pinerly es un *dashboard* fácil de usar que permite un claro control y manejo de su cuenta de Pinterest. Usando esta herramienta, usted puede seguir fácilmente pinchadores, dejar de seguirlos, aprender sobre Pinches Populares y obtener Estadísticas de Pinches. La característica más beneficiosa de Pinerly es tal vez su "programación de pinches", similar a <u>Social Oomph</u> para Twitter, a través del cual se puede automatizar el pinchado y repinchado de determinadas publicaciones.

### <u>Pintics</u>

Pintics es predominantemente una herramienta de análisis. El objetivo principal de Pintics es ofrecer los datos del tráfico que su tablero de pinches puede estar generando. Nos permite manejar varias cuentas al mismo tiempo mientras nos mantenemos al tanto del tráfico y la información de ventas relacionada. La herramienta está en fase beta privada y uno puede inscribirse para recibir una invitación.

### <u>PinReach</u> (anteriormente llamado PinClout)

PinReach es otra herramienta de análisis que se puede utilizar para obtener las tendencias y entender la actividad de una cuenta. PinReach publica una puntuación basada en estas actividades y tendencias, y la puntuación determinará cuán influyente es una cuenta.

### Pinpuff

Pinpuff es otra herramienta para medir tendencias y mide la popularidad de una cuenta entre los usuarios de Pinterest y el valor de cada pinche. La herramienta está en fase beta y aún no está abierta a todos.

### Curalate

Curalate es la última herramienta de análisis que le recomiendo usar para rastrear, medir y monitorear la presencia *curation* de su marca social. Todas las herramientas de análisis mencionadas en este libro están todavía en fase beta. Así que sugerimos que se registre a todas y las use por un tiempo antes de decidir cuál proporciona los datos que necesita.

### Pin A Quote

Aunque Pinterest se trata principalmente de imágenes, las citas y el contenido no pueden ser descartados. Con PinAQuote puede destacar y pinchar el texto de cualquier fuente de la web y ponerlo en Pinterest. También se puede utilizar para compartir el mismo contenido al mismo tiempo en múltiples sitios de otras redes sociales.

## SpinPicks

Esta aplicación de *fotos girando* inicialmente fue nombrada "Spinterest" y ahora, después de algunas renovaciones han surgido con su nuevo nombre "SpinPicks". La aplicación permite a los usuarios entrar con su cuenta de Pinterest o una cuenta independiente y girar las imágenes de las diferentes plataformas visuales, tales como Pinterest, Instagram, Twitpic, Flickr, Reddit, YouTube y PicPlz. Los únicos excluidos de esta lista son Google.com, Facebook.com, Tumblr y Bing y esto para evitar problemas de derechos de autor. También hay otras características tales como pinchando y gustando un tablero de pinches o incluso seguir un usuario específico, pero esto requeriría que el usuario esté conectado a Pinterest. Sin embargo, yo diría que la mejor característica es el "*auto-giro*" donde se puede elegir una categoría y la plataforma visual de donde les gustaría buscar contenido y hacer clic en "clic para girar". Pocos segundos después SpinPicks sugerirá algunos contenidos increíbles que después se pueden repinchar al tablero de Pinterest.


## WiseStamp

WideStamp es posiblemente una de las mejores herramientas para utilizar con Pinterest, ya que transforma una firma de correo electrónico en una herramienta de promoción mediante la adición de un botón "*Follow Me On...*" (para cualquier gran red social, incluyendo Pinterest) en la parte inferior de nuestras firmas de correo electrónico. Usted tendría que descargar esta herramienta y personalizarla con su firma de correo electrónico y enlazarla a sus cuentas de redes sociales y ya está. Para los usuarios de Pinterest, WiseStam tiene una sorpresa. Una vez creada su firma y pinchada a su tablero de Pinterest con la etiqueta "@WiseStamp" en la descripción, WiseStamp lo repinchará a su tablero de "¡Su firma aquí!". No se olvide añadir su enlace a la firma del pinche.

## Snapito

Snapito es una aplicación que permite al usuario introducir una dirección de sitio web y tomar una captura de pantalla de

119

la página completa y publicarla directamente en Pinterest. Agregar una *time stamp* para mantener un registro de la captura de pantalla o descargar la página web completa en un formato PNG también se puede hacer desde Snapito.

## Visual.ly

Visual.ly es una herramienta que permite a los usuarios crear contenido gráfico usando los datos que tienen y sin ningún tipo de programa de *software* o conocimiento profundo de animación o gráficos de ningún tipo. Por ser Pinterest el sitio de imágenes (y por lo tanto contenido grafico) que es, Visual.ly es sin duda una herramienta única en su clase que vendría muy útil para casi cualquier usuario que tenga una cuenta en Pinterest.

## Pingler

Pingler es una herramienta gratuita que le permite a los usuarios hacer *ping* en un sitio web o una página web a múltiples sitios web, blogs y foros o en sitios de redes sociales. Usando Pingler, uno puede fácilmente entrar el nombre del sitio web o página web, subir el url del sitio web y decidir la categoría donde debería ser *ping* o publicada. Tienen una suscripción gratuita, así como una *premium*, aunque con características y facilidades adicionales.

### PicSlice

PicSlice es la aplicación que puede ser utilizada para partir, redimensionar o recortar las imágenes antes de subirlas a Pinterest.

## Extensiones Google Chrome

Es de esperarse que cuando un sitio de redes sociales o de cualquier via de Internet se vuelve viral, los navegadores web populares traerán herramientas y extensiones para facilitar las maniobras de los contenidos publicados. Google Chrome es uno que no debería pasar desapercibido en estos aspectos y aquí les presento algunas de las extensiones que ya están disponibles de forma gratuita.

### ShotPin

ShotPin permite al usuario realizar una captura de una página web, vídeo, imagen o cualquier cosa que pueda estar en la pantalla de su navegador y directamente publicarlo, o pincharlo a Pinterest

### Pinzy

Pinzy es una aplicación genial para tener. Una vez que tenga esta extensión bien puesta en su sitio, no es necesario hacer clic en una imagen en Pinterest para obtener una visión más ampliada, ni hay necesidad de abrirlo en otra ventana o

pestaña. Simplemente puede pasar el ratón por la parte
superior de la imagen y el mayor tamaño de la imagen
aparecerá con la misma resolución y calidad y sin alterar la
página.

<u>Screen 2 Pin</u>

Esta es también una herramienta para publicar una captura
de pantalla desde cualquier lugar en la web directamente a
Pinterest. La diferencia con las otras herramientas es que no
es necesario introducir una dirección url o tomar una captura
de imagen usando el botón del teclado. Basta con hacer clic
en el icono de la barra de herramientas lo cual
automáticamente tomará la dirección url en la que se
encuentra y usted podrá publicarla directamente. La
herramienta de la misma extensión en Google Chrome
también se puede utilizar para publicar imágenes en Twitter y
Facebook.

<u>Pin Search</u>

Pin Search va a ser, sin duda, la aplicación más interesante
con la que nos enfrentaremos. Ha pasado largo tiempo desde
que hemos buscado contenido utilizando texto. Ahora
podemos usar Pin Search (Búsqueda de Pinches) para buscar
una imagen y obtener toda la información asociada con la
imagen: los sitios donde la imagen aparece, las imágenes

similares y otros detalles, como el diseñador o el fotógrafo que la creó.

### Pinterest Pin It Button (by Shareaholic)
Aunque hay varios botones "Pin It" de Pinterest disponibles en Internet, el de Shareaholic también le permite al usuario conocer el número de veces que un pinche específico ha sido repinchado. Eso es sin duda una nueva característica que a mucha gente le gustaría aprovechar.

### Extended Share for Google Plus
Esta extensión de Chrome de Google permite a los usuarios añadir un enlace de "Share on..." a cada publicación de Google Plus. Y usted puede agregar hasta 19 enlaces de las redes sociales: Pinterest, Facebook, Twitter, LinkedIn, Tumblr, StumbleUpon, etc.

## Plug-Ins de WordPress
WordPress es sin duda una de las herramientas más utilizadas para publicar contenido en Internet y no es ninguna sorpresa que los *plugins* de Pinterest se hayan creado.

### Plugin Pinterest Pin It Button
Permite agregar el botón "Pin it" a su sitio de WordPress o a las publicaciones para que los lectores scpan que pueden

pinchar fácilmente su contenido visual a sus tableros de Pinterest.

**Plugin** <u>Pretty Pinterest Pins</u>

Con el *widget* "Pinterest Pines Pretty" se puede crear fácilmente una nítida y personalizada barra lateral donde es posible publicar todos los últimos pinches en Pinterest o pinchar desde tableros de pinches específicos (el suyo o el de otros usuarios). Esta es una manera conveniente de resaltar algunos contenidos que usted quisiera obtener y también la calidad de su perfil. Tener un "Follow me on Pinterest" situado en la parte inferior del Pinterest Pretty Pin también es una gran idea.

**Plugin** Watermark Reloaded

Ya han surgido algunos problemas de derechos de autor con Pinterest en sus primeros días y cada vez que se trata de imágenes y videos, es de esperarse que hayan violaciones de derechos de autor. Watermark Reloaded es una herramienta sencilla de plasmar su firma como una marca de agua en las imágenes que le pertenecen. Esta es quizás la forma más fácil de asegurarse de que sus imágenes están protegidas y que no pueden ser mal utilizadas o distribuidas extensamente, sin un reconocimiento de su propiedad.

# 11
## ¿HACIA DÓNDE AHORA?

Eso es sólo algunas de las cosas que usted puede hacer en Pinterest como negocio. Ahora es el momento para comenzar el pinchado. Pinterest está despegando y la oportunidad es inmediata. Hay muchos estrategas web que dicen que podría sobrepasar a Facebook. No voy a comentar sobre esta posibilidad ya que Facebook ha sido un fenómeno, sin embargo, me gustaría señalar que Pinterest ha crecido a un ritmo acelerado y ya ha sobrepasado el tráfico de muchos otros sitios de redes sociales. Está creciendo y está creciendo rápidamente. Si lo hace bien, puede ser una herramienta de marketing mejor que Facebook, Google+, y Twitter juntos, no sólo por la tasa de crecimiento que es y su potencial, pero debido a su enfoque único.

Hasta el momento, Pinterest ha demostrado que puede ayudar a mejorar significativamente el tráfico de su sitio web, aumentar las ventas, pero también realizar concursos, hace investigación de mercados, y dar su nombre a conocer a millones de pinchadores. ¿Qué más se puede pedir de una herramienta de marketing? En resumen, me gustaría enumerar todos los pasos claves que he descrito en este libro que le ayudarán a convertir su experiencia en un exitoso pinchado.

**Paso 1:** decidir si la cuenta de Pinterest es para uso personal o comercial

**Paso 2:** definir su objetivo en Pinterest: el tráfico a su sitio web, obtener clientes potenciales, incrementar las ventas, crear conciencia sobre una marca, hacer estudios de mercado, realizar estudios de conceptos de productos nuevos o incluso educar.

**Paso 3:** conozca su objetivo de mercado. Cualquier empresa puede salir bien en Pinterest con un poco de creatividad. Por ejemplo, un montón de imágenes de marcas populares como Apple, Microsoft e IBM están siendo pinchadas todo el tiempo

**Paso 4:** definir las métricas de éxito - ¿qué resultados necesita para considerarse exitoso en Pinterest?

**Paso 5:** ser invitado. Hay muchas maneras gratuitas de hacerlo: desde el sitio mismo, desde la web, por medio de mí o de alguien que usted conozca personalmente

**Paso 6:** cree su cuenta, ya sea registrándose por medio de Facebook o Twitter

**Paso 7:** instale el *bookmarklet* "Pin It" en su navegador

**Paso 8:** optimice su sitio para Pinterest

**Paso 9:** optimice su perfil de Pinterest

**Paso 10**: defina una estrategia de contenido y cree tableros interesantes. Sea creativo con sus tableros y mantenga los títulos cortos. Personalícelo: cree un tablero que cuente la historia de su empresa de una manera visual. No tableros vacíos. Poner los tableros más populares en la parte superior. Tener un mínimo de 8 tableros con 4-5 pinches cada uno. Optimice sus tableros

**Paso 11:** ¡comience a pinchar! Pinche su propio blog o página web. Pinche cosas de otras personas. Pinche todos los días y mucho. Añada los precios si usted vende productos

**Paso12**: optimice sus pinches. Añada leyendas apropiadas, edite sus enlaces, agregue precios, use vídeos y cree contenido original. Con pinches poderosos usted podrá relajarse ya que tan pronto se vuelvan virales otros harán el trabajo por usted

**Paso 13**: construya credibilidad y experiencia a través de los pinches: enseñe (vídeo, infografía, provea la solución a un problema), comparta resultados (antes y después), cuente su historia y añada valor

**Paso 14:** envuélvase con su público: repinche, comente, guste, haga menciones, intercambie promociones con otras redes sociales. Busque pinchadores influyentes

**Paso 15:** sea creativo con sus tableros y pinches. Son como una página en su sitio; encuestas en forma de imagen y la gente puede comentar debajo, concursos para los mejores testimonios o eslogans, cupones, códigos QR con mensajes sorpresa, tableros de pinchadores invitados, pinches de la semana, paquetes de productos exclusivos, invitación a un evento, grupo de enfoque para productos donde la gente puede votar con los "me gusta", enlaces hacia regalitos para construir su lista, etc.

**Paso 16:** rastree y mida resultados. Usted no quiere hacer las cosas sin saber si traerán algún valor

**Paso 17:** use todos los <u>Pinterest goodies</u> y haga uso de todas las herramientas recomendadas en este libro.

Espero que hayan disfrutado este libro y que lo hayan encontrado de utilidad, ya sea usted un actual o potencial usuario de Pinterest, sea usted un consumidor o comerciante, o como un profesional de marketing en Internet. Le agradecería si pudiera compartir su opinión con otros lectores de Amazon. Si usted todavía necesita una invitación para Pinterest o tiene alguna pregunta relacionada con los temas tratados en este libro, por favor no dude en enviarme un correo electrónico a globalndigital@gmail.com. De igual manera puede seguirme en Pinterest: pinterest.com/GlobalDigital o en Twitter: www.twitter.com/GlobalnDigital.

A medida que continúe mi investigación y pruebas en Amazon, actualizaré este libro. Como ustedes ya saben, me limitaré a hacer esto añadiendo material a mi libro, y cargar la nueva versión en Amazon. Sin embargo, eso significa que usted no recibirá el beneficio de mi nueva investigación y pruebas. Por favor, envíenme un correo electrónico a globalndigital@gmail.com y así sabré que usted está interesado en recibir copias actualizadas de este libro tan pronto como se publiquen.

¡Feliz Pinchado!

# SOBRE EL AUTOR

Gabriela Taylor es una Consultora y Estratega de Marketing Global en Internet, educada internacionalmente que ha trabajado con algunas de las principales marcas del mundo en Telecomunicaciones, Venta al por menor, Estilo de vida y Publicidad.

Una reconocida experta y especialista en Redes Sociales, Mercado Móvil y La Optimización de Motores de Búsqueda. Es fluida en 7 idiomas, ha vivido y trabajado en muchos países alrededor del mundo y tiene experiencia en la implementación de estrategias exitosas de presencia en la web tanto para las nuevas organizaciones como para las principales ya establecidas.

Es fundadora de Digital N' Global, una firma de consultoría especializada en servicios de Marketing en Internet y prácticas de comercio intercultural alrededor del mundo.

*The Ultimate Guide To Building And Marketing Your Business With ...*

*A Step By Step Guide To Unlocking The Power Of Google Tools And Maximizing Your Online Potential*

**GABRIELA TAYLOR**

www.ingramcontent.com/pod-product-compliance
Lightning Source LLC
Chambersburg PA
CBHW051216170526
45166CB00005B/1921